도형과 컬러로 풀어보는

마음 놀이

시커뮤니케이션

나는 어떤 모양일까

그 사람 성격 참 좋아

우리는 사람을 평가할 때 자연스럽게 '성격'을 언급한다. 처음 보는 사람을 대했을 때 '그 사람 성격 참 좋아 보이더라!'라고 말한다. 오랜 기간 함께 하며 지켜본 사람에게는 '그 사람 알면 알수록 성격이 참 좋은 사람이야!'라고 표현한다. 이처럼 '성격'은 한 사람의 '모든 것'을 단순하게 정의 내리는 잣대와 같다.

자녀가 하는 행동이 마음에 들지 않는 부모가 이렇게 말하는 것을 종종 들을 수 있다. '너는 도대체 누굴 닮아 성격이 그 모양이니?' 이 한 줄에는 많은 의미가 포함되어 있다. 누굴 닮았냐는 물음은 결국 부모 중 어느 한 사람의 유전인자를 더 많이 물려받았다는 의미이며, 이는 더 깊이 음미하면 배우자에 대한 못마땅함까지 포함되어 있음을 읽을 수 있다. '그 모양이니?'라는 물음에는 자신의 관점에서 마음에 드는 '모양과

2

마음에 들지 않는 '모양'이 이미 자리 잡은 '모양'이다. 부모의 유전자를 이어받아 세상 밖으로 나온 자녀는 필연코 부모 중 누군가를 닮아있다. 그러니 괜히 그 모양의 행동을 하는 자녀 탓만 할 수 없는 이유이기도 하다. 모양模樣의 사전적 의미를 살펴보면 명사로는 겉으로 나타나는 생김새나 모습, 외모에 부리는 멋, 어떠한 형편이나 되어 나가는 꼴, 남들 앞에 세워야 하는 위신이나 체면, 어떤 모습과 같은 모습, 어떤 방식이나 방법을 나타내며, 의존명사로는 짐작이나 추측을 나타내는 말이다.[1]

본서에는 '성격'과 '모양'에 관한 이야기를 담아 보았다.

모양은 사물의 모양이나 생김새를 나타내는 형태形態와 유사하게 통용된다. 형태는 어떠한 구조나 전체를 이루고 있는 구성체가 일정하게 갖추고 있는 모양form을 나타내며 한자의 의미로 형태形態는 어떤 도형圖形, 동작動作 따위와 같이 유기적有機的, 전체적全體的 구조構造 또는, 체제體制를 갖는 사물事物, 곧, 대상對象 그 자체自體를 뜻한다.[2]

나는 어떤 모양일까

나의 성격 생김새는 어떤 도형을 닮았을까? 내 가족이나 지인은 나를 생각할 때 어떤 도형을 떠올리게 될까? 둥글둥글한 원형, 뾰족한 삼각형, 평평한 사각형, 뾰족함과 평평함을 함께 가지고 있는 오각형, 위아래가 평평하고 양옆으로 뾰족한 안정적인 정육각형, 일정한 형태를 이루지 않고 모두 열려있는 자연스러운 곡선형 중 어떤 도형을 닮아있을까? 내가 생각하는 나의 모양도 있을 것이고 타인이 나를 떠올리며 연

1 네이버 표준대국어사전 참조
2 네이버 표준대국어사전 참조

3

상되는 도형의 모양도 있을 것이다. 마찬가지로 내가 나를 바라볼 때 연상되는 색채는 어떤 컬러일까? 타인이 나를 떠올릴 때 연상되는 색채는 어떤 컬러일까?

이러한 시도를 통하여 새롭게 도전을 주는 통찰이 있다. 도형과 색채가 결합된 새로운 조합의 모양과 컬러는 어떠할까? 필자는 도형을 만나고 지난 15년간 이런 질문에 끊임없이 스스로 답하는 과정을 반복하며, 이를 현실에서 실현하기 위한 시도를 계속해왔다. 10년 성공법칙에서는 하루 3시간씩 10년간의 집중력을 이야기하지만, 개인적으로 15년이란 시간 속에는 '도형'에 하루 10시간 넘게 집중한 날이 무수히 쌓여 있다. 그간의 궤적을 지금 돌이켜보면 필자의 성격 모양이 상황 속에 그대로 반영되어 나타났다.

평생교육과 진로 및 직업상담, 인력개발HRD을 전공하고 평생교육원을 운영하면서 새로운 교육과정을 개발하고 현실에 적용하는 일은 그야말로 흥미로운 일이었다. 아이디어가 떠오르면 즉시 시도하고 현실화했다. '새로운 아이디어'와 '즉시 시도'를 결합하면 어떤 모양의 성격일지 추측해보는 일은 이 글을 읽게될 독자에게 맡겨보기로 하겠다.

반면에, 현실적인 자금 문제에 관해 관심이 적은 이유로 적자경영을 하게 됨은 그 유형이 가지고 있는 연약한 점이다. 이 사실을 알면서도 같은 일을 반복하고 있는 모습은 타고난 선천적인 성향을 개선한다는 일이 얼마나 어려운 과정인지 증명이라도 해주고 있는 것 같다. 그러나 자신에게 어떤 강점이 있는지, 어떤 연약한 점이 있는지를 아는 것만으로도 이미 출발 지점이 다르다는 것은 참 다행스러운 일이다.

도형을 활용한 성격·심리검사 개발과정은 도형의 모양을 떠올리면 자연스럽게 연상되는 형용사들을 확인하고 일반적으로 반복하여 나오는 결과들을 그룹화하는 일부터 시작되었다. 예를 들어 동그라미 형태를 보여주며 어떤 성격일 것으로 추측되는지 물어보면 열 명 중 아홉은 원만하다, '둥글둥글하다'라는 즉답이 나오는 이유이다. 하지만 문항으로 개발하고 타당화하며 검증하는 학문적 연구는 오랜 시간이 필요했다. 타검사도구와의 상관성을 검증하기 위하여 세계적으로 가장 널리 사용되고 있는 MBTI성격유형검사와 공인타당도를 확인하였다. 그 결과는 의도하지 않았으나 GEOPIA성격검사결과를 통하여 MBTI성격유형을 예측할 수 있는 가능성을 열어주었다. 이런 과정들을 정리하여 15년여 동안 연구한 결과를 토대로 도형을 활용한 지오피아 성격·심리검사 개발 및 다당화 연구로 2019년 박사학위 논문을 발표하게 되었다.

동서양을 막론하고 인간의 최초 문자는 그림문자에서 출발하였다는 점을 여러 문헌에서 쉽게 찾아볼 수 있다. 인간의 성격 특성을 기하학적 형태를 빌어 유목화하게 된 배경은 기하학적 도형의 이미지는 인류의 생성과 더불어 인간과 자연의 질서를 함축하여 단순화시킴으로써 인류 역사의 언어와 문자 기호로 사용되었을 뿐만 아니라 인간의 일상생활과 밀접한 연관성을 가지고 있다(오미라, 2019).

다섯 가지 도형의 형태를 활용한 성격유형 분류는 미국과 독일에서 이미 시도되었음을 문헌연구를 통하여 확인할 수 있었다. 저자는 여기서 멈추지 않고, 국내외 최초로 6가지 도형의 형태와 외향과 내향성을 분류한 8가지 도형의 성격유형을 분류하였다(오미라, 2010). 지오피아(GEOPIA)검사 중 지오그램(GEOGRAM)그림검사는 4개의 도형(○△□S)을 그리게 하고 현재의 심리상태를 분석하는 심리진단 도구이다.

국내에서는 이미 35년이 넘도록 활용되어 왔으나 학문적 연구가 극히 미진하다. 투사적 그림검사 만으로 분석할 경우 생기는 오류를 최소화 하기 위해 객관적인 문항검사의 필요성을 느끼게 되어 문항검사개발 및 다양화 연구를 시작하게 되었다. 그림검사분석에 관해서는 이미 '도형 심리 픽토그램코칭'으로 출간되었으며, 본서에서는 6가지 도형의 모양 形態을 빌어 분류한 인간의 성격유형에 대한 은유와 통찰을 제공하고자 하였다.

본서에 내용은 총 8장으로 구성되어 있다. 제1장에서는 마음을 진단 하는 청진기로 도형심리학으로 보는 선천적인 6가지 성격특성에 관한 패턴들이 담겨 있다. 제2장에서는 도형, 세상을 보는 프레임을 통하여 인간의 불완전함을 이 빠진 동그라미의 은유로 이야기를 전개한다. 제3 장에서는 도형 마을에서 생긴 일을 통하여 각 각의 도형들이 겪는 현실 적인 고민에 대한 상담사례를 다루었다. 제4장에서는 성격유형별로 건 강하지 못할 때 나타나는 도형들의 상황에 대처 할 수 있는 방법을 소개 한다. 제5장과 6장에서는 색채와 도형심리에 관한 이야기와 상담사례 를 소개하였다. 제7장에서는 슈퍼히어로 영화 배트맨과 아이언맨을 통 해 도형에 관한 지평을 열어준다. 제8장에서는 자신의 마음속 도형을 이해하기 위한 지오피아(GeoPiA)검사도구에 대한 설명과 검사방법에 대해 안내되어 있다.

지오피아(GEOPIA)도형심리학은 이제 시작이다. 오래 누적된 역사도 누군가의 첫걸음에서 비롯되었다. 시작한다는 것은 두렵지만 희망이 있고, 기대가 있고, 설렘이 있는 일일 것이다. 그러나 오리진Origin이 된 다는 것, 누구도 가보지 않은 길, 없는 길을 새롭게 만들어 가는 일에는 수없이 시도되는 도전이 있고, 불확실한 상황에서 오는 좌절과 두려움, 연속되는 불안한 감정들을 극복하고 다듬어내는 인고의 시간 들이 숨겨져 있다. 성경에 보면 『이미 있던 것이 후에 다시 있겠고 이미 한 일을 후에 다시 할지라. 해 아래에는 새것이 없나니 무엇을 가리켜 이르기를, 보라 이것이 새것이라 할 것이 있으랴 우리가 있기 오래 전 세대들에게 이미 있었느니라. 이전 세대들이 기억됨이 없으니 장래 세대도 그 후 세대들과 함께 기억됨이 없으리라』(전도서 1장 8~11절)라고 기록되어 있다. 우리가 지금 시대에 처음인 것 같지만 이미 이전 세대부터 인류 역사 속에 전해져 오는 지식이나 아이디어일 수 있다. 기하학의 출발에서 비롯하여 수학, 철학, 예술 등 다양한 학문의 발전에 이어 기하학과 심리학의 융합으로 '기하심리학'의 출발점에 서 있다.

6가지 모양의 성격특성이 일상생활 속에서 어떤 '모양'으로 나타나며 사회 속에 존재하는 '나' 자신에 대한 성찰을 통하여 타인과 성숙하게 상호작용할 수 있는 방법을 생각해 보고, 어떤 강점과 보완해야 할 연약한 점을 가졌는지 본서를 통하여 들여다 볼 기회가 되길 소망해본다. 끝으로 이 책이 나오기까지 수고해주신 시커뮤니케이션 최지윤 대표, 국제도형심리협회 고문님 이하 가족들, 그리고 정성스레 밑줄 그으며 좋은 의견을 실어준 후배 이경희 선생, 한없이 부족한 엄마노릇에도 불구하고 조용히 응원해주는 두 딸 지원이와 예원이, 세심하고 멋진 사위 현겸에게 감사의 마음을 전한다.

목차

도형과 컬러로 풀어보는

마음 놀이

2020년 5월 1일 초판 1쇄 발행

지은이   오미라
펴낸이   최지윤
펴낸곳   시커뮤니케이션
           www.seenstory.co.kr   www.facebook.com/seeseesay
           T 031)871-7321   F 0303)3443-7211
           seenstory@naver.com

서점관리   하늘유통
찍은곳   현문자현

Isbn   979-11-88579-48-8

도형과 컬러로 풀어보는

마음 놀이

시커뮤니케이션

1장

도형심리학은
마음을 진단하는 청진기다

우리는 사람의 마음을 정의定義 내리는 것에 본능적인 거부감을 가지고 있다. 하지만 그것은 사람의 마음을 제대로 바라보려 하지 않거나, 필요 이상으로 신비화시키는 것이다. 냉정하게 본다면 사람의 생각과 감정은 뇌가 관장하는 전기적 신호다. 이런 신호에는 저마다 고유의 형태가 있다. 특정 언어와 감정에 대응하는 특정 전기적 신호의 파장이 일정한 패턴을 그리는 것이다. 바꾸어 말하면 뇌 속의 이런 전기적 패턴, 일종의 전기적 얼룩을 해독함으로 인간의 마음을 알아낼 수 있다는 것이다. 좀 더 쉽게 말하자면 감정을 알아낸다는 것은 곧 감정의 전기 신호를 읽는 것이고, 우리가 맥박으로 심장의 상태를 알아내는 것과도 비슷하다고 할 수 있다. 우리가 우리 마음의 신호를 좀 더 쉽게 파악하는 방법을 고민하지 않는다면 어떻게 될까? 어느 날 갑자기 자동차 엔진이 터지듯, 지금까지 참아왔던 스트레스가 한순간에 폭발하면서 삶의 의욕도 멈춰버릴 것이다.

　그렇다면 사람의 마음을 이해하기 위한 가장 효율적인 도구는 무엇일까? 우리는 미술 시간에 크로키라는 것을 배웠다. 단시간 내에 대상을 빠르게 그리는 것이다. 크로키의 기본은 도형으로 사람의 몸을 단순화시켜 바라보는 것이다. 사람의 육체는 매우 복잡한 근육과 뼈로 이루어져 있지만, 필요에 따라 이처럼 몇 개의 간단한 도형으로 묘사 할 수 있다. 마찬가지로 우리의 성격과 마음도 몇 가지 도형의 형태로 쉽게 파악해볼 수 있다. 앞으로 다루고자 하는 마음속 도형은 크게 여섯 가지 유형이다. 간단히 풀이한 도형별 성격 심리의 특성은 아래와 같다.

　　◆ 원형 - 사교형(관계중심)
　　◆ 삼각형 - 도전형(성과중심)
　　◆ 사각형 - 신중형(내용중심)
　　◆ 곡선형 - 예술형(창조중심)
　　◆ 오각형 - 분석형(시스템중심)
　　◆ 육각형 - 안정형(현실중심)

　이러한 도형 맞추기를 통해서 우리는 상대의 마음과 자신의 마음이 어떻게 움직이는지를 쉽고 명확하게 판단해 볼 수 있다. 도형에 관한 일반적인 심리 자체를 바라보고 구체적 형태로, 크로키처럼 그려내고자 하는데 목표를 두고 있다. 우리의 심리, 즉 마음에 구체적 형태가 있단 말인가? 그렇다. 우리의 마음에는 구체적 형태가 있고, 그 형태가 우리를 이끌어 가는 삶의 방향이 된다. 동그라미는 잘 굴러가지만, 네모는 안정적인 형태로 멈춰서 있기를 좋아한다. 세모형의 뾰족함은 무디지 않은 민감한 시각과 끊임없이 도전하고 시도하려는 경향을 보인다. 세모와 안정적인 네모의 조합은 신중하게 사고하고 도전할 시기를 놓치지 않는 분석적인 오각형의 형태를 띈다. 안정적인 사각형과 잘 구르는 동그라미의 조합은 융통성이 더해진 갈등중재형 육각형을 만들어낸다. 곡선형태의 S형은 정해진 틀을 거부하는 자유로움을 상징하며, 이는 곧 창조의 원천이 되기도 한다.

우리는 이러한 방식을 통해 각기 다른 모양에 따라 사는 방식을 조망해볼 수 있다. 우리는 도형을 바라보며 '이것만이 옳은 도형'이라고 말하지 않는다. 마찬가지로 나와 다른 모양의 사람을 나와 같은 모양으로 살아주기를 요구하거나 강제할 수 없다. 더구나 자신은 바뀌지 않으면서 상대방에게만 다른 모양으로 바꾸라고 요구하는 일은 더더욱 안 될 일이다. 나의 타고난 형태가 마음에 들지 않는다고 다른 모양으로 억지로 바꾸려고 하면 할수록 당신은 심한 자괴감에 빠지게 될 것이다. 자신을 부정하는데 노력을 기울이기보다는 탁월한 강점은 최대화하고 자신의 연약한 점은 보완할 수 있는 전략을 갖추는 것이 현명하다. 만약 정말로 타고난 모양을 바꾸고 싶다면, 당신을 둘러싼 주변 환경을 바꿔야 하고 바뀐 조건에 적용하기 위해 노력해야 한다. 선천적 기질 역시 후천적으로 마주하게 되는 환경과 조건에 맞추어 상호작용하며 서서히 새로운 '자기'를 형성해 가기 때문이다.

도형심리학은 도형이 가지고 있는 일반적인 형태를 통하여 내포된 의미를 성격유형화한 것이다. 이 모든 핵심에는 저마다 각기 다르게 타고난 선천적인 성격 특성에 관한 패턴이 담겨 있다. 도형심리학은 우리가 가지고 있는 마음의 형태를 시각화해서 당신은 어떤 모양의 사람이며, 앞으로 어느 방향으로 가는 것이 적합할 것인지를 안내해 주는 유용한 내비게이션이 될 것이다.

나도 내 마음을 모르겠다

사람들과 심리 상담을 하면서 가장 많이 듣게 되는 말이 하나 있다. '나도 내 마음을 모르겠다'라는 푸념이고 하소연이다. 안타깝다고 생각하면서도 어찌 보면 당연한 것이 아닐까 생각하게 된다.

조선 시대 시조에서는 "나의 가슴에 창을 내고 싶다 창窓 내고자 창을 내고자 이내 가슴에 창 내고자 고모장지 세살장지 들장지 열장지 암돌쩌귀 수돌쩌귀 배목걸쇠 크나큰 장도리로 둑닥 박아 이 내 가슴에 창 내고자. 잇다감 하 답답할 제면 여다져 볼가 하노라."[3] 라고 노래했다. 21세기에는 가수 장기하의 〈내 사랑에 노련한 사람이 어딨나요〉라는 노래가 있다. 이 노래의 제목을 인용해 '내 마음에 노련한 사람이 어딨나요'라고 되묻고 싶다. 자신의 마음을 객관적으로 본다는 것은 시대를 초월해 어려운 일이다. 이는 철학의 본질적인 문제이기도 하다. 오래된 비유로 말하면 깜깜한 방안에서 검은 고양이를 찾으려는 것과 비슷하

---

3   조선시대 후기 사설시조 (작자 미상)

다. 철학자 최진석 교수(서강대 명예교수)는 '현대철학자 노자' 특강을 통해 '역사 속에 자기가 들어 있을 때는 앞날을 보지 못한다. 그만큼 자기를 객관화하기가 어려운 것'이라고 말하기도 했다.

그렇다면 우리는 평생 자기 마음에 대해 털끝 하나도 모르면서 더듬더듬 살아가야만 하는가? 내 마음을 모르겠다면 어떻게든 알 수 있는 방법을 찾아내야 한다. 내 마음을 모르겠다고 말하며 살아가는 사람은 교통신호의 의미를 전혀 인식하지 못하고 마구잡이로 달리는 무면허 운전자와 같다. 마음속에서는 계속 빨간 불도 들어오고 초록 불도 들어오는데, 도대체 그 불빛이 무엇을 뜻하는지를 이해하지 못하고 무작정 달리는 것이다. 끔찍한 일이다.

그러므로 우리는 우리들의 마음에 대해 제대로 배워야 한다. 너무 어렵게 생각할 필요는 없다. 우리의 마음은 극단적으로 단순하게 말하면 전기 신호이며, 파장과 같다고 했다. 그래서 우리들의 일상 언어 속에서도 마음을 표현하는 언어로 바다나 호수 등 물과 연관된 표현을 사용한다. 이외에 가장 많이 쓰이는 것은 '날카롭다'나 '둥글둥글하다'라거나 '모났다'라는 표현 등 일정한 패턴을 가진 도형들이다. 우리가 이런 형태적 묘사를 감정 표현으로 사용하는 이유는 무엇일까? 그저 형상화하는 게 편하기 때문일까.

20세기에 이르러 독일의 여러 심리학자는 인지認知와 지각知覺을 해석하는 방법으로 형태심리학이라는 접근법을 제시했다. 이 이론에 따르면 우리는 분리된 부분에서 대상을 형성하는 것이 아니다. 실제로 우리는 단순한 사각형 그림을 보았을 때 그 모양을 분리된 여러 선이 아니라 전체적인 모양으로 인식한다.

정리하자면, 부분의 합으로 전체를 보는 것이 아니라 의미 있는 전체로 이해하는 것이다.[4]

형태 이론의 핵심에는 우리의 정신이 일정한 '규칙'에 따라서 감각 정보를 규칙적이고 예상 가능한 방식으로 해석한다는 생각이 담겨 있다. 이러한 형태 법칙을 통해 우리는 방대한 양의 정보를 '패턴'으로 인식함으로써 의식적인 노력 없이 사물을 빠르게 지각한다는 것이다.[5]

이러한 시각적 지각은 구름과 바위 등 자연 형태에서 모양과 패턴을 인식하는 일상적인 경험에서 비롯된다. 특히 우리는 수많은 사람의 얼굴을 선천적으로 아주 어린 나이 때부터 구분한다. 게다가 인간은 입이나 눈 모양 등의 특징에서 패턴을 감지할 수 있고 이를 통해 상대의 감정 상태를 해석하는 능력을 갖추고 있다.[6]

물론 가끔은 이런 패턴 인식이 지나쳐 화성에 운하가 있다고 믿으며 열심히 화성의 운하망을 그려내는 천문학자도 있었고 화성의 어떤 바위 사진을 지구의 스핑크스와 동일시하기도 했다. 패턴 인식의 오류가 과학적 연구 결과로 자주 드러나자 한동안 패턴 인식은 인간의 미성숙한 지적 오류이며 일종의 확증편향에 불과한 것으로 취급되기도 했다. 그러나 약간의 과장과 오류는 있을망정 우리가 패턴 인식을 통하여 세상을 본다는 것에는 변함이 없다.

이런 시각적 패턴 인식은 상대의 외형을 인식할 때만이 아니라 대상의 마음을 살펴볼 때도 사용된다. 마음을 표현하는 우리의 언어에 형태적인 패턴이 나타나는 것은 이런 이유 때문이다. 이를 통해 우리는 상대

---

4 마커스 위크스, 심리학 (110,111p), 아르테
5 마커스 위크스, 심리학 112,113p, 아르테
6 마커스 위크스, 심리학 116p, 아르테

의 얼굴 너머에 깊이 숨어있는 마음의 흐름을 빠르게 파악하고 대처할
수 있다.

  이런 탁월한 능력이 있음에도, 왜 수많은 사람이 자신의 마음을 모르
겠다고 말하는 것인가? 진정 당신의 마음을 본인 자신도 모르겠다면,
그것은 결국 당신이 알려고 하지 않았기 때문에 모르는 것이라고 말해
주고 싶다. 문맹文盲은 글을 모르는 것이기에 본인만 답답하면 그만이지
만, 심맹心盲은 자기 자신을 포함한 주변 모두를 힘들게 한다. 마음의 도
형을 읽는 법을 통해 자기 마음을 객관적으로 바라보려는 노력을 반복
하다 보면 당신 마음의 도형이 보이게 될 것이다.

남자를 이해하기 위하여

세상 모든 남자의 마음속에는 늘 장난꾸러기 아이가 살고 있다는 말이 있다. 결혼하고 자녀를 낳고 아빠가 되어도 아이를 가르치는 선생님이 되고 싶다기보다는 같이 장난치면서 놀 수 있는 친구가 되길 원한다. 그래서 자기 아이에게 때로 위험하다 싶을 정도로 짓궂은 장난을 하다가 아내에게 등짝을 얻어맞는 남편들의 사진이 종종 인터넷에 올라오면 동양과 서양을 막론하고 모든 이들의 공감을 자아낸다. 그만큼 장난꾸러기 남자 아이들에게 중요한 것은 친구다. 어른이 되고 성장한 후에도 자신의 여자 친구에게, 아내에게 바라는 것도 이런 관점에서 크게 달라지지 않는다. 그런데 문제가 하나 있다. 여자 친구는 잘 놀았으면 본인 집으로 돌아가겠지만 '아내'는 함께 놀고 나서 본인 집으로 돌아가지 않는다. 그래서 〈화성에서 온 남자 금성에서 온 여자〉에서는 '남자들에겐 때로 혼자 있을 동굴이 필요하다'라는 이야기를 하기도 한다.

장난이란 무엇인가. 장난이란 혼자서는 불가능한 놀이다. 거친 장난

20

이라도 아량으로 받아줄 친구가 꼭 필요하다. 그래서 남성 혹은 남자 아이들이 큰 힘을 얻는 것 중 하나가 동료나 또래 친구들로부터 인정을 받는 것이다. 반면에 자신을 인정해 주었던 동료나 친구를 실망하게 하고 버림받는 것을 대단히 두려워한다. 그래서 남성들은 사회생활에서 친구의 인정을, 상사의 인정을, 여자 친구의 인정을 격렬하게 갈구한다.

이처럼 남자들은 평균적으로 '인정 욕구'가 강한 편이지만 상대적으로 '감정 교류 욕구'는 낮은 편이다. 특히 남자들이 여자들보다 태생적으로 상대의 감정을 읽는 능력이 약한 것은 여러 행동 실험으로 증명된 바 있다. 몇몇 학자들은 남자들이 원시시대부터 사냥을 해왔던 만큼 감정을 억누르는 방향으로 진화해 온 것으로 해석한다. 하지만 이보다는 오랜 사회화의 영향이 크다고 할 수 있다. 상당수의 남자가 사회화 과정에서 S도형(창조 지향)이 가진 감성을 억누르고 네모 도형(조직 지향)이나 세모 도형(목표 지향)이 추구하는 인정과 성공 욕구를 강화하는 교육을 받는다. 특히 대한민국 남자 성인들에게는 '군대 문화'라는 것이 뿌리 깊게 박혀있어 종종 '다수를 위한 소수의 희생'을 집단으로 강요받는다.

가령 남자 친구의 마음을 이해해 보고 싶다면, 네모 도형이나 삼각형을 머릿속으로 그려보자. 네모 도형은 담벼락을 쌓는 데는 매우 유용하지만, 자동차의 바퀴가 될 수는 없다. 삼각형도 스스로는 굴러갈 수 없다. 즉, 하나만으로는 아무것도 할 수 없다. 한 번에 한 가지 일에 가장 특화된 존재라는 말이다.

그래서 상당수의 남자는 회사에서 일은 잘할지 몰라도, 냉장고를 열고 한 뼘 앞에 보이는 물건도 찾지 못하고, 심하면 옷장에서 양말 한 짝도 찾아내지 못한다. 심지어 일하고 있을 때는 연인에게서 문자가 와도 일을 먼저 마무리하고 난 후 답장을 하려 한다.

이런 경향은 주로 남자들에게서 많이 나타나지만, 여자라고 예외는 아니다. 최근에는 사회적 성공을 목표로 하는 여자들도 네모와 세모 특성을 강하게 드러내는 경우가 많다. 따라서 남자와 여자의 이분법적인 '성性'적 특성을 놓고 상대 심리를 바라보려 하기보다는, 그 사람이 마음속에 쌓아놓은 '성城'의 구조와 재질을 봐야 한다.

우리가 인생을 살아가면서 마음속에 천천히 쌓게 되는 성벽은 사람마다 제각각 다른 모습을 하고 있다. 이렇게 쌓여 올려진 성벽은 모두 나름의 이유와 목적을 가지고 있다. 누군가는 만리장성을 쌓고, 누군가는 수원화성을 쌓는다. 둘 다 성벽이긴 하지만 두 성벽이 의도한 바는 전혀 다르다. 진나라에서 시작해 명나라 때까지 지어진 만리장성은 군사적 목적과 더불어 '중화사상'이라는 것을 만들어내려는 의도가 담겨 있다. 즉, 물리적 장벽으로 중화사상 외에 다른 논리적 사상이 들어오는 것을 막음으로써 하나의 중국을 만들겠다는 것이었다.

반면 정조는 정조실록을 통해 수원화성 축조의 목적을 '호위를 엄하게 하려는 것도 아니요, 변란을 막기 위한 것도 아니다'라고 분명히 밝히고 있다. 수원화성은 사도세자의 아들이라는 멍에를 평생 안고 살았던 정조가 말년의 자기 자신에게 주는 선물이었다고 볼 수 있다. 따라서 두 성벽을 건설한 두 왕의 마음속에는 전혀 다른 도형이 존재하고 있었을 것으로 쉽게 추정해볼 수 있다.

남자들이 목표 지향의 마인드를 강요받는 만큼, 그들의 마음속에는 자연스럽게 무수히 많은 '네모'와 '세모'가 마치 물가의 자갈처럼 굴러다니고 있다. 삶의 고비마다 여러 구렁텅이에서 강물의 힘으로 굴려 쌓아둔 것들이다. 이 '네모'와 '세모' 도형의 심리를 가진 사람은 대부분 객관적이고 현실적이며 냉정하다. 맡은 일 완수에 언제나 최선을 다한다. 이런 도형의 사람에게 가장 좋은 것은 '칭찬'이다. 대개 여자보다 남자의 경우 이 효과가 더 강력하다. 칭찬은 남성 호르몬인 테스토스테론에 불을 붙이기 때문이다.

여자를 이해하기 위하여

　인생의 대부분을 '문제 해결'에 몰두하는 남자의 관점에서 여자 친구의 마음을 모르겠다고 말하는 것은 어떤 의미로 본다면 당연하다. 이것은 지식의 문제가 아니라 감성의 영역이기 때문이다. 흔히 여자 심리를 다룬 책들은 여자의 마음을 가리켜 '바다'로 표현하곤 한다. 왜 산이나 들판이 아니고 하필이면 바다일까? 바다는 정해진 형태가 없다. 바다는 형태가 끊임없이 변화하는 S형태(곡선)의 파장을 일으키는 매질媒質로 가득 차 있다. 여자의 대화는 해안가에 밀려드는 파도와 같다. 파도가 달과 지구의 인력에 의해 일어나는 자연적 현상인 것처럼 여자들에게 대화는 우주적이고 '자연스러운' 것이다.

　여자의 마음은 보통 대화를 통해 표현되고, 이 대화는 파도가 우리에게 뭔가 이야기를 들려주려 하는 것과 비슷하다. 해결책이나 충고가 있어야 하는 것이 아니라 자신의 파도 소리에 공감해주길 바라는 것이다. 쓰나미가 무엇인지, 지진 해일에 대한 대처법은 어떤 것이 있는지를 설명해줄 과학자를 필요로 하는 것이 아니다.

이처럼 많은 여자는 S형(곡선)의 심리를 가지고 있고 복합적으로는 O형(원형)의 성격을 가지고 있다. 원형의 대표적 특징은 자신의 감정 표현을 잘한다는 것이다. 물론 아무 때나, 아무 사람에게나 감정 표현을 한다기보다는 상대를 생각하며 가려서 표현한다. 그래서 몇몇 심리학자들은 여자들에게 식욕, 성욕, 수면욕 외에도 '수다'에 대한 욕구가 있다고도 이야기 한다.

수다란 대화를 통해 감정을 해소하는 것이다. 그런데 여러 가지 이유로 대화를 하지 못하고, 감정 해소를 하지 못한다면 어떻게 될까? S형에게는 감정의 파도가 있다. 파도가 가진 에너지의 무서움이 여기에서 나온다. 어느 순간 둑 안에 쌓아두었던 물이 터져 나오듯 감정이 터져 나오기 시작하면 주체할 수 없이 쏟아져 나온다는 말이다. 특히 많은 여자가 남자들과 달리 자신을 불쾌하게 만든 감정을 둑 안에 계속 쌓아두고 잊지 않는다. 도대체 여자들은 어떻게 그럴 수 있을까? 남자들은 새까맣게 잊어버린 수십 년 전의 특정한 상황을 마치 무비 클립이나 스냅 사진처럼 보관하고 있다가 조커 카드를 던지듯 남자에게 내던진다.

적당한 비유인가 싶긴 하지만 마치 이런 게 아닐까 한다. 필자는 근래 지구에 플라스틱 쓰레기들이 늘어나면서 태평양 한가운데에 쓰레기 섬이 생겼다는 이야기를 들은 적이 있다. 그리고 문득 여자들의 감정도 이와 비슷하지 않을까 하는 생각을 했다. 파도란 결국 지구라는 거대한 구체에 담겨 있는 물의 흐름인 만큼, 당연히 이 파도는 거대한 원형을 그리며 지구를 돌기 마련이다. 바닷물은 태양에 의해 증발되어 날아가기는 해도 결국엔 비가 되어 지상으로 되돌아온다. 따라서 바다가 한 번

오염되면 이를 해결하는데 아주 오랜 순환의 시간이 필요하다. 그래서 다시 비유하자면 여자들의 마음속 바다에 누군가 투척한 감정 쓰레기가 던져지면 그 쓰레기를 주워다가 태워서 소멸시키지 않는 이상 조류潮流를 타고 계속 도는 것이다. 반면에 남자들은 감정에 대응하는 방식이 전혀 다르다. 누군가 자기에게 감정 쓰레기를 던지면 사각형과 삼각형으로 이뤄진 성벽을 만들어 재빨리 튕겨내 버린다. 그들은 대화나 협상보다는 일단 공성전攻城戰으로 대응하는 것이다. 그래서 듣기 싫은 이야기는 쉽게 흘려버리고 해결하기 어려운 문제는 무시해버리는, 편리하고 효율적인 방식을 취한다. 그래서 남자들이 여자 친구가 "쓰레기 같은 직장 상사 때문에 힘들다"라는 말을 했을 때 조언이랍시고 해주는 것이 "그냥 흘려들어", "귀담아듣지 마"와 같은 진부한 말이다. 이런 조언은 여자 친구에게 전혀 도움이 되지 않는다. 연애를 조금이라도 경험해본 남자들은 여자 친구가 이런 이야기를 했을 때 대부분은 해결책을 달라는 말이 아니라는 것을 막연하게나마 알고 있다. 물론 드물지만 여자 친구가 정말로 해결책을 달라고 할 때도 있다. 이때는 열에 아홉은 그녀가 말했던 '쓰레기 상사'란 사람을 법적으로 고소해야 할지 검토해 봐야 하는 그런 아주 심각한 상황일 것이다. 이러한 남녀의 특성은 반드시 성별에 고정되는 것은 아니다. 남자 중에도 O형(원형)과 S형(곡선)의 특성을 강하게 가지고 있는 사람들이 있다. 이들은 부드럽고 자상하며 다정다감한 성격이 많다. 이러한 남자들은 여자처럼 대화로 문제를 해결하는 것을 선호한다. 누군가에게 고민을 털어놓을 때도 일반적인 남자들처럼 해결책을 요구하지 않는다. 그저 마음속 이야기를 하고 싶을 뿐이다.

어쨌든 남자들의 처지에선 여자 친구의 이야기를, 그것도 아주 고민스러운 이야기를 들었으니 그래도 뭔가 해결방안을 주어야 하지 않을까 하는 의무적인 생각이 들 수밖에 없다. 하지만 앞서 했던 말처럼 여자 친구가 원하는 건 과학자도 아니고 청소부도 아니다. 당신이 남자 친구라는 이유로 여자 친구의 마음속 바다에서 감정 쓰레기를 건져다가 태워 없애줄 필요는 없다. 여자들은 '솔루션'을 원하는 것이 아니다. 바다의 이야기에 귀를 기울여주기만 하면 된다. 바다는 쓰레기나 기름에 쉽게 오염되어 때로 너무나 약해 보이지만 사실 그렇지 않다. 여자들은 그 감정 쓰레기들을 오랜 시간 동안 천천히 자연 분해한다. 남자들에겐 미칠 것처럼 답답하겠지만, 남자들은 여자들의 그 능력을 믿어줘야 한다. 그것이 여자들이 가진 자연 치유적인 능력이고 에너지다.

내 가족을 이해하기 위하여

　우리가 가족관계에서 가장 큰 착각을 하는 것이 두 가지 있다. 첫째는 내 아이는 내가 가장 잘 안다는 생각이고, 둘째는 우리 부모님은 내가 가장 잘 안다는 생각이다. 그러나 사실 우리는 엄마와 아빠에 대해, 아들과 딸에 대해 과연 얼마나 알고 있을까. 유전적으로 서로 물려주고 물려받은 우리는 역설적으로 상대에 대해 거의 모른 채로 평생을 보낸다고 해도 과언이 아니다. 이와 관련하여 1999년 미국 컬럼바인 고교 총기 난사 사건이 떠오른다. 이 사건의 범인은 에릭 해리스(18세)와 딜런 클리볼드(17세) 두 명이었다.

　에릭 해리스와 딜런 클리볼드는 학교에 총을 들고와 무려 900여 발의 실탄을 난사하면서 13명을 살해하고 21명의 사람에게 부상을 입혔다. 살해당한 13명 중 12명은 학생, 1명은 교사였다. 경찰이 출동했지만, 기관단총과 산탄총 등으로 무장한 범인들을 쉽게 제압하진 못했고 결국 범인 체포에 실패하며 많은 희생자가 발생했다.

사건을 일으킨 후 둘은 출동한 경찰들과 총격전을 벌이다 도서관에서 자살했다. 사건 이후 딜런 클리볼드의 모친 수 클리볼드는 〈나는 가해자의 엄마입니다〉라는 책을 통해 나름 좋은 엄마라 자부하던 필자 본인이 어디서부터 자녀의 변화를 보지 못했던 것인지에 대한 뼈아픈 성찰과 고백을 담아냈다. 엄마로서의 후회와 성찰이 절절하게 느껴지는 책이다.

이 사건을 다른 각도에서 살펴보면 컬럼바인 고교에도 문제가 많았다. 컬럼바인 고교는 운동부 학생들에게 지나치게 관대했다. 운동부 학생이 잘못을 저지르면 너그럽게 넘어가지만 일반 학생들이 잘못을 저지르면 처벌 및 정학을 시켰다. 선생님들이 보고 있는 데서 운동부 학생들이 일반 학생들을 괴롭히고 있어도, 아무도 혼내거나 말리지 않았다. 부모도 이런 피해 학생들이 한둘이 아니었다는 걸 나중에 알았다.

학교 측에서는 운동부 학생들이 왕따나 따돌림을 주도한다는 걸 알고 있으면서 "맨날 일어나는 일인데요 뭐?"라는 식으로 계속 처벌을 거부했다. 딜런이 남긴 일기장 등의 기록에 따르면 운동부 소속 축구부원들 전체가 에릭과 자신에게 '게이'라고 하거나 '괴상한 놈들'이라며 케첩과 머스타드를 뿌려됐다고 한다.

딜런의 부모가 이 사실을 알았더라면 결과는 달라질 수 있었을까? 교장에게 항의하거나 교육부에 고발하는 정도가 최선일 것이다. 그리고 상당수의 부모라면 이렇게 생각했을 것이다. 학교생활이란 당장은 힘들어도 곧 끝이 나니까 조금만 참고 견디면 된다고, 아마도 딜런의 엄마도 그런 생각을 했던 것이리라. 사건 3개월 전에 가족 여행도 함께 갔고, 진학하기로 한 대학교 기숙사를 같이 살펴보기도 하는 등, 여러 가지로 아이의 미래를 위한 계획을 세웠던 것을 보면 알 수 있다. 아이가 학교에서 어떤 괴로움을 겪고 있는지는 모르겠지만, 분명 자기 힘으로 견디고 넘어갈 수 있을 거라 믿었다.

세상의 어떤 부모가 자기 아이가 이런 엄청난 테러리스트가 될 거라 예측할 수 있었겠는가. 실제로 두 범죄자의 부모 모두는 평범한 미국 중산층이었으며, 아이를 학대하지도 않았다. 하지만 저자는 이 책을 통해 말한다. '부모인 당신도 당신의 아이에 대해 완벽히 알 수는 없으며, 누구나 가해자의 부모가 될 수 있다'라고. 그녀의 말은 자녀 교육에 있어서 많은 의미를 담고 있다. 아이의 마음을 알기 위해선, 부모의 마음을 알기 위해서는 서로를 완벽히 알고 있다는 근거 없는 자신감을 내려놓아야 한다. 나의 부모, 나의 아이라는 관점을 뛰어넘어 '어떤 마음을 가진 인간'인지 객관적으로 바라봐야 한다.

직원과 상사를 이해하기 위하여

당신은 '회사 생활'에서 가장 중요한 것이 무엇이라고 생각하는가? 일을 잘 하는 것일까? 미리 말했지만, 이 질문의 의도는 '회사 생활'에 방점이 찍혀있다. 회사 생활office life이란 회사 업무office work와 연관되어 있기는 하지만 사실 다른 차원의 이야기다. 회사 생활을 잘 하기 위해 가장 우선 되어야 하는 것은 협력을 잘하는 것일까? 그렇지 않다. 본론부터 말하면 '만만해 보이지 않는 사람'이 되는 것이 가장 중요하다고 할 수 있다. 쉽게 말해 '공격성'을 활용하는 것이다. 이는 상대를 협박하고 위협하는 나쁜 공격성에 관한 이야기가 아니다. 공격성이란, 아이들이 태어났을 때 주어진 것에서 의존성을 벗어나 자신만의 역할을 찾고 개척해 나가는 원동력이 된다. 직장 이해관계와 책임 관계가 밀접하게 얽혀있는 전쟁터와 같은 곳이라고 봐야 한다. 따라서 직장에서 당신의 선의는 이용당하기 쉬우며, 당신을 지뢰밭으로 걸어 들어가게 만들 수 있다. 따라서 당신이 되도록 편하고 행복한 직장 생활을 하고 싶다면, 태도를 단호하게 하고, 자신의 의견을 명확하게 전달해야 한다. 긍정적인 공격성을 가져야 한다는 것이다.

이런 긍정적 공격성을 가지면 어떤 장점이 있는가? 만약 10년간 한 자리에서 일해온 과장이 입사 6개월밖에 되지 않은 당신에게 실수가 너무 잦다며 당신을 믿을 수 없어서 같이 일할 수 없다고 하는 상황에 부닥쳤다고 가정해보자. 긍정적 공격성을 가진 사람은 자신을 자책하기보다는 먼저 냉정하게 생각해 볼 것이다. 과연 6개월간 자신이 얼마나 일을 배웠으며, 상사가 지적한 내용이 그렇게 잘못한 일인가를 생각해 본다. 대부분 회사는 6개월 정도 일을 배운 사람이 그렇게 엄청난 잘못을 할 만한 일 자체를 주지 않는다. 성과를 내는 걸 기대하지도 않는다. 이렇게 생각한다면 다음에 당신이 할 일은 상사의 성향을 먼저 파악하는 것이다. 상사가 이런 행동을 하는 것은 무언가 숨겨진 의도가 있을 것이다. 그렇다고 그 의도를 파헤쳐 상사의 행동이 얼마나 부적절한가를 주장하기는 현실적으로 어렵다. 당신이 회사에 오래 남아있기를 원한다면 말이다.

회사 내에서 상급자 대부분은 원형, 삼각형, 사각형, 오각형의 특징을 가진 사람들이 많을 것이다. 당신의 상사가 아무리 무능해 보여도 회사에서는 그만한 이유가 있기에 그 자리에 올려놓은 것이라 생각하는 것이 당신의 정신 건강에 좋다.

당신의 상사가 인간관계를 중심에 두는 원형의 상사라면 "저도 과장님을 본받아서 지금 과장님만큼 일을 잘하고 싶습니다. 그런데 그렇게 하려면 어느 정도 걸리셨나요?"라고 물어보면 된다. 원형의 상사가 당신을 혼낼 때는 그만큼 당신에게 바라는 것이 많아서 벌어지는 일이 대부분이다. 이런 상사에게는 인간적 감정을 건드리는 것이 좋다. 비록 속보이는 아첨이라도 좋다. 하지만 적당한 거리를 두는 것이 더 좋다. 자칫 잘못하면 원치 않게 주말마다 상사와 북한산 등산을 같이해야 할 상황이 벌어질 수도 있기 때문이다. 운 좋게 당신과 상사의 취미가 맞는다면 물론 상관없겠지만.

당신의 상사가 성과를 중심에 두는 삼각형의 상사라면 "제가 지금까지 6개월 정도 일을 했는데, 지금보다 더 좋은 성과를 올리려면 어떻게 해야 할까요? 제가 무엇을 해야 할까요? 과장님은 6개월 정도 일하셨을 때 어느 정도의 성과를 올리셨나요?"라고 진지하게 물어보면 된다. 하지만 삼각형의 상사는 답을 주지 않을 가능성이 매우 크다. 삼각형의 상사가 당신을 혼낼 때는 대개 별 이유가 없다. 군대에서 상급자가 하급자들을 못살게 구는 상당수의 이유는 맘 놓고 풀어놓으면 큰 사고를 칠지 모르니 일단 긴장시키고, 조여 놓아야 한다는 것이다. 삼각형은 부하 직원들을 믿고 풀어주는 성격이 아니다. 그래서 늘 자기 스스로 앞장서서 해결책을 찾고 조직원들을 이끌고 가려고 하는 전형적인 오너형의 상사다. 여러 상황에 대한 대비책은 항상 가지고 있다고 보면 된다. 이런 상사 앞에서는 필요 이상으로 잘하려고 노력할 필요가 없다. 상사에게 경계심만 불러일으킬 뿐이다. 상사를 믿고 '똑똑하되 게으르게' 그리고 무엇보다 가장 중요한 것은 '빠르게' 일하는 방법을 터득해야 한다.

만일 당신의 상사가 내용을 중심에 두는 사각형의 상사라면 말보다는 뭔가를 눈으로 보여주면 된다. 지금까지 당신이 써왔던 업무일지, 다이어리, 앞으로의 계획표를 보여주자. 허술하다 못해 허접한 기획서라도 상관없다. 사각형의 상사는 부하 직원이 뭔가를 하고 있다는 것을 보고 싶어 하며, 당신이 아무것도 보여주지 않으면 심각하게 불안해한다. 사각형의 상사들은 대화보다 서류에 강하다. 이런 비즈니스형의 상사들에게는 인간적으로 정이 가지 않겠지만 회사 일을 제대로 빠르게 배우기에는 가장 좋은 사람이다.

당신의 상사가 분석을 중심에 두는 오각형의 상사라면 어떻게 할까. "제 스스로를 살펴봤을 때 6개월간 일을 하면서 실수도 많았지만 지금까지 배운 내용을 통해서 앞으로 더 좋은 결과를 낼 수 있을 거로 생각합니다. 앞으로 어떤 부분을 보완하면 좋을까요?"라고 물어보면 된다. 그들은 대개 숫자에 강하다. 이 말은 숫자만 맞으면 나머지는 크게 신경 쓰지 않는다는 말이다. 회계장부처럼 돈과 숫자에 예민한 부서 혹은 회사에는 이런 상사들이 많다. 이런 상사들은 주어진 일만 잘하면 직원들에게 일일이 간섭하지 않고 자유롭게 놔두는 편이다. 오각형의 상사들은 당신의 튀는 행동을 아주 두려워한다. 자신이 분석해놓은 일을 신입이 뒤흔들지 않을까 걱정한다. 하지만 부하 직원인 당신은 걱정할 필요 없다. 당신은 당신의 상사에게 소수점 몇 자리 이하의 하찮은 변수일 뿐이다.

도형, 세상을 보는 프레임

쉘 실버스타인은 우리에게 〈아낌없이 주는 나무〉로 널리 알려진 작가다. 그의 또 다른 대표작 중 하나인 〈어디로 갔을까, 나의 한쪽은 The missing piece〉은 이 빠진 동그라미가 주인공으로 등장하는 작품이다.

어느 날 이 빠진 동그라미는 이 세상 어딘가에 자신을 완성 시켜 줄 조각이 있을 거라 생각하며 여행을 떠난다. 그는 불완전한 동그라미이기 때문에 빠르게 굴러가지 못한다. 하지만 걸음이 느린 만큼 길 위에서 많은 것들을 경험하게 된다. 서늘한 소나기와 마주쳐 빗물을 마시고 힘을 내기도 하고, 눈 속에서 얼다가 햇살에 몸을 녹이기도 한다. 꽃을 만나면 향기도 맡고, 길에서 만난 풍뎅이와 앞서거니 뒤서거니 하면서 걸어가기도 한다.

이 빠진 동그라미는 여행 중간에 여러 조각의 도형들과 마주친다. 그는 길 위에서 마주친 도형 조각들을 통해 자신의 불완전한 부분을 채워보려 한다. 하지만 아예 자신의 입에 맞지 않는 도형이거나, 혹은 조금

모자라거나 넘쳐서 상대가 부서져 버리기도 한다. 그런데도 이 빠진 동그라미는 분명 어딘가에 불완전한 자신을 완벽한 도형으로 만들어줄 상대가 있을 것이라는 희망을 버리지 않는다. 그는 오랜 여행의 끝에 마침내 자신과 완벽히 맞는 도형을 발견하게 된다. 그는 정말 잘 맞는 상대를 만났다는 생각에 엄청나게 기뻐한다.

하지만 그 기쁨은 오래가지 못한다. 완벽하게 잘 맞아 들어간 조각 때문에 이 빠진 동그라미의 입은 완전히 틀어 막혀 버린다. 말을 하지도 못한다. 이 빠진 동그라미는 완벽해진 자신이 행복하지 않다는 것을, 진정한 행복이란 완벽함에 있지 않다는 걸 뒤늦게 깨닫는다. 주인공은 자신의 집착을 내려놓고 자신과 완벽하게 맞는다고 생각했던 도형 조각을 놓아주기로 한다. 그리고 그는 다시 행복한 마음으로 여행을 떠난다.

이 동화가 우리에게 전해주는 의미는 명확하다. 우리에게는 모두 이 빠진 동그라미처럼 불완전한 부분이 있다. 그것은 의미 없는 공백이 아니라 그림의 여백처럼 이유가 있어서 존재하는 빈 공간이다. 하지만 우리는 이 여백에 뭔가를 자꾸 채워 넣으려 한다. 그래서 어떤 사람은 자기 스스로 이 여백을 채우기 위해 완벽주의자가 되려 하기도 하고, 어떤 사람은 결혼 상대가 자신의 여백을 채워주길 바라기도 한다. 하지만 이런 바람은 대부분 매우 불행한 결과로 돌아오기 마련이다. 특히 상대가 자신의 부족한 부분을 채워줄 것이라는 생각으로 결혼을 하는 사람들은 대부분 불행한 삶을 살아간다. 돈만 바라보고 결혼하는 사람들이 대표적이다. 왜 그럴까? 간단하다. 우리의 욕구에는 단계가 있다. 이를 설명해주는 이론 중 하나가 널리 알려진 '매슬로우의 욕구 위계론'이다.

당신이 매우 가난한 집안에서 태어난 사람이라고 가정해보자. 그래서 당신은 돈을 바라보고 돈 많은 사람과 결혼했다. 이를 통해 당신은 생리적 욕구(식욕, 수면욕 등)와 안전의 욕구(신체, 고용, 건강의 안전 등)를 얻어 낼 수 있을 것이다. 그다음 단계는 상위 욕구인 사회적, 존경, 자아실현의 욕구다. 하지만 당신의 반려자가 당신이 가진 자아실현의 욕구를 가로막는다면 어떻게 할 것인가? 당신에게 오로지 한 가지 역할만을 강요한다면? 상대가 당신에게 집안일만 하고, 아이를 양육하는 역할만을 원한다고 가정해보자. 당신은 이혼이라는 선택지를 택할 수 있겠는가? 절대로 그럴 수 없다. 결혼생활이 끔찍해도 가난이 더욱더 끔찍하기 때문이다. 그렇게 당신은 차악을 선택할 수밖에 없고 자아실현의 욕구를 모두 포기한 채 20년을 참고 살아왔다. 오로지 재산 분할을 받을 수 있는 요건을 만족시키기 위해서였다. 그런데 만일 배우자가 하던 사업이 부도가 나서 재산이 모두 사라져버렸다면? 그 후에 당신은 어떤 인생을 살 수 있을 것인가? 스무 살 초반에 결혼을 했다 하더라도 마흔 살 초반이거나 중반일 것이다. 그때 가서 당신이 자아실현의 욕구를 향해 나아갈 수 있을까? 아마도 그럴 수 없을 것이다. 왜냐하면, 상대에게 기대며 살아온 당신이기에 기대가 무너지는 순간 당신도 함께 무너져버렸기 때문이다.

앞서 이야기했던 동화의 이야기로 돌아가 보자. 이 빠진 동그라미가 자신의 불행을 감수하고서라도 완벽한 동그라미로 남고자 했다면 이 동화의 결말은 어떻게 달라졌을까? 이 빠진 동그라미는 행복하지는 않았겠지만 완벽한 원형이 되었기에 누구보다 빠른 속도로 모두를 앞지르며 신나게 굴러갈 수 있었을 것이다. 하지만 점점 가속도가 붙자 걷잡을 수 없어졌으리라. 누구보다 완벽한 원형이었기에 브레이크도 걸리지 않았을 것이다. 그래서 두 도형은 벼랑 끝으로 떨어져 산산조각이 났을 것이다. 아마도 이런 배드 앤딩Bad ending으로 끝나지 않았을까? 물론 작가들은 대중성을 생각하기에 굿 앤딩Good ending으로 결말을 지으려 한다. 하지만 현실에선 파국으로 이어지는 결말도 늘 벌어진다. 그래서 우리는 또 다른 극단적 선택을 하게 된다. 아무도 믿지 않고, 오직 나만을 믿으며 살아가는, '완벽한 나'에 대한 집착을 품게 된다.

완벽에 대한 집착이란 무엇인가

중국의 고사 중 이런 이야기가 있다. 황제는 매우 아름다운 목소리로 지저귀는 귀한 새 한 마리를 기르고 있었다. 그는 이런 새가 많으면 얼마나 좋을까 하는 생각으로 사람들을 풀어서 수백 마리를 잡아 오게 했다. 하지만 수백 마리의 새들이 한꺼번에 우는 소리는 더 이상 아름답게 느껴지지 않았고, 머리를 아프게 하는 소음일 뿐이었다. 황제는 뒤늦게 깨달음을 얻고 새들을 모두 날려 보낸다. 황제가 잡아 온 새를 점수로 바꿔 말해보자. 우리는 1점보다는 99점이, 99점보다는 100점이 완벽하고, 그것이 나의 행복이 될 것이란 생각을 한다. 또한, 학교에서 종종 그런 친구들을 목격하곤 했다. 시험점수 99점을 맞았는데 한 문제 틀렸다는 이유로 펑펑 우는 친구를 본 적이 있는가? 이는 자신에 대한 끝없는 욕심으로, 눈에 보이지 않는 폭력으로 자신을 몰아세우는, 교묘한 형태의 자학이다. 필자 주변에도 이런 사람이 있었는데, 불경기에 회사에서 정리해고를 당하자 극단적 선택을 해버리고 말았다.

완벽에 대한 당신의 집착으로 인해 당신의 곁에는 '사람'도 '사랑'도 설 공간이 없을 것이다. 당신은 완벽하지 못한 사람들을 보균자처럼 멀리

하려 한다. 다른 사람과의 관계에 철벽을 세워 버린다. 물론 그런데도 보통 사람들은 '일'을 할 때는 실수쟁이보다는 완벽주의자인 당신과 함께하려 할 것이다. 그래서 당신은 유능한 존재인 것처럼 보인다. 하지만 다른 사람들은 절대로 완벽주의자인 당신에게 인간성을 기대하려 하지 않을 것이다. 말하자면 완벽주의자인 당신은 컴퓨터나 다를 바 없다, 고장 나는 순간 언제든 갈아 치워져도 누구도 신경 쓰지 않는, 일하는 기계일 뿐이다.

인간의 역사는 인간과 우주가 완벽하다는 환상과 집착에서 깨어나는 과정이라고 할 수 있다. 천동설에서 지동설이 그렇고 원형으로 상정했던 완벽한 공전 궤도가 실제로는 타원형이라는 걸 알려준 케플러가 그러했다. 우주의 모든 것은 결정되어 있다는 뉴턴의 물리학이 아인슈타인에 의해 깨어지고, 유클리드 기하학은 위상기하학으로 무너졌다. 그러나 우리는 여전히 둥근 해가 떠오른다고 믿으며, 삼각형의 내각의 합은 180도라고 배운다. 이러한 아날로그 시대의 완벽한 인간상은 우리가 앞으로 살아갈 4차 산업혁명 시대와도 맞지 않는다. 몇 가지 예를 들면 국내 모 기업의 경우 인터넷과 SNS를 자동 분석해서 '이 제품이 뜰 것'이라는 예측을 뽑아내는 시스템을 개발했고, 실제로 이를 이용해 신제품을 출시하고 있다. 또한, 전문가들은 앞으로 로봇이 택배기사와 상하차 직원 등 물류 배송에 들어가는 많은 인력을 대체할 것이라고 예측하고 있다. 쿠팡의 대주주인 손정의 회장이 2017년에 구글로부터 보스턴 다이나믹스라는 로봇 개발 업체를 사들인 것을 보면 다음 행보는 사실상 정해져 있다고 봐도 되지 않을까.

앞으로의 미래에서 우리가 할 수 있는 일은 로봇이 생각하지 못하는 영역의 일이 될 것이다. 이는 곧 창의력이 가장 중요한 세상이 된다는 말이다. 창의력은 고정관념을 깨는 직관에서 생겨난다. 직관이란 무엇인가? 직관이란 경험, 지식, 분석, 추론을 순식간에 처리함으로써 본인조차 어떻게 풀어냈는지 알 수 없지만, 결과적으로 알아내는 것이다. 이를 잘 보여준 사건이 2016년 이세돌과 알파고의 바둑대국이었다. 이세돌은 승부를 4대 1 혹은 5대 0으로 자신이 이길 것이라고 생각했다. 하지만 알파고의 실력은 상상 이상이었다. 이세돌은 내리 3연패를 당했고, 4국에 힘겹게 알파고에 1승을 거두었다. 이는 0.007%의 확률을 뚫은 판단 끝에 나왔다. 경기가 끝난 뒤 기자들이 이세돌에게 그 수를 어떻게 두었냐고 물었을 때 그의 대답은 매우 간단했다.

"그 수 외에는 둘 방법이 없었습니다."

컴퓨터가 바둑만큼은 정복하지 못할 것으로 생각했던 시대는 순식간에 무너졌다. 하지만 그렇다고 해서 바둑 자체가 사라지게 된 것은 아니다. 도리어 알파고와 이세돌의 대결 이후 바둑판에는 새로운 변화가 생겼다. 바둑기사들은 AI와의 대국을 통해 기존의 바둑에서 '이렇게 둬야 한다'며 당연시되었거나 '이렇게 두면 안 된다'라며 터부시되었던 기보棋譜에 대한 고정관념을 깨고 있다. 실제로 최근 조사에 따르면 바둑에 목표를 둔 모든 사람의 기량이 AI와의 연습을 거친 뒤 평균적으로 수직으로 상승했다. 이로 인해 프로기사들의 과거 압도적인 승률은 최근 매우 낮아졌고, 이전과 같이 개성적인 바둑을 두는 스타는 나올 수 없을 것이라는 탄식도 나오고 있다.

이렇게 급속도로 변해가는 세상에서 가장 중요한 것은 무엇인가? 변하지 않는 가치는 어디서 찾아야만 하는가? 그 해답은 나 자신을 알고, 상대방을 아는 능력으로 되돌아간다. '나'로 돌아가는 자아의 혁명, 이것은 8차 산업 혁명 사회가 와도 변치 않는 영원한 주제이며 기술이다.

내가 나로 돌아가기 위해서는 나의 마음을 알아야 한다. 이는 특히 지금의 청소년과 젊은 세대에게 필요한 능력이다. 어째서일까? 이는 젊은 이들과 부모 세대에 어떤 차이가 있는지를 비교해보면 이해가 쉬울 것이다.

우리가 '청소년기'라고 부르는 시기는 통상 중학교와 고등학교 시기다. 하지만 지금의 현실에서는 이 청소년기가 점차 연장되고 길어지고 있다. 좋은 직장, 좋은 직업을 찾으려면 더 많은 시간과 기술을 필요로 한다. 부모 세대 상당수에게 인생이란 정해진 순서를 따라가는 것이었다. 직장-결혼-출산으로 이어지는 전통적 의미의 순서가 있었다. 하지만 요즘 세상에 젊은이들에게 이런 말을 한다고 해보자.

"자네는 직장이 있나?"
"직장이 있으면 결혼을 해야지."
"결혼했으면 아이를 낳아야지."

어쩌면 과거에는 별문제가 안 되는 질문이었겠지만 요즘에는 이런 말을 했다가는 '꼰대'라는 비아냥을 듣기 십상이다. 이처럼 청년 세대의 인생 순서는 부모 세대와 달리 순서도, 정답도 없는 세상이 되어버렸다. 이는 사회적으로 안정적 위치를 잡기까지 많은 시간이 걸린다는 뜻이며, 그만큼 부모에게 기대야 하는 시간이 길어지고 있다는 의미이기도 하다. 청년은 사회 혹은 회사가 원하는 높은 수준의 역량을 갖추기 위해 강한 스트레스를 경험한다.

현실이 가혹한 만큼, 가상공간의 삶은 편리하고 달콤할 수밖에 없다. 인터넷이라는 가상공간은 많은 정보를 쉽게 탐색하고 배울 수 있으며, 쉽게 사람을 만날 수 있다. 하지만 부작용도 있다. 인터넷에서는 음란물, 폭력물 등 부적절한 자료를 쉽게 접할 수 있다. 현실과 환상의 구분이 불분명한 만큼 인터넷 사이트에 보이는 것을 곧 진실로 믿기도 한다.

많은 부모 역시 이러한 현실적 문제로 인해 스트레스를 받고 있다. 교육비용 증가에 따라 생활비보다 학비가 더 빠르게 오르고 있다. 노동시간이 많아지고 일하는 여성들이 늘어나고 있다. 부모가 모두 일을 하기에 자녀와 함께 보낼 수 있는 시간도 적어지고 있다. 이러다 보니 정신적 고통을 오롯이 본인 스스로 감당해야 하는 상황이다. 이는 통계자료로도 살펴볼 수 있는데 서울시 청소년 정신 건강 통계에 따르면 최근 스트레스 인지율과 우울감 경험률, 자살 생각률 모두 증가추세를 보인다.

〈서울시 청소년 정신건강 통계, 단위 : %〉

기간	스트레스 인지율			우울감 경험률			자살 상각률		
	전체	남학생	여학생	전체	남학생	여학생	전체	남학생	여학생
2017	38.7	31.3	46.7	27.7	22.1	33.6	14.4	11.1	17.9
2018	42.7	34.5	51.5	29.6	24.2	35.4	15.4	11.8	19.2

이처럼 늘어가는 청소년 스트레스에 부모들은 어떤 대응을 하고 있는가? 사실상 무방비 상태라고밖에 할 수 없다. '아이들이 어떤 생각을 하

고 있는가'를 고려하기보다는 내 자녀에게 좋은 환경과 조건을 만들어 주기 위해 엄청나게 노력하고 있다. 좋은 집, 좋은 학군, 돈 걱정 없이 공부할 수 있는 완벽한 환경 만들기에 집중한다. 이렇듯 부모들은 자신의 자녀를 분재盆栽 만들 듯, 아이에게 선의로 포장된 철사를 감아 매는 잘못된 일을 저지른다.

"내가 이만큼 아이들을 위해 노력을 하고 있으니, 내 아이들은 그만큼 공부를 잘해야 하고, 좋은 대학에 들어가고, 좋은 직장에 들어가서, 좋은 사람과 결혼해야 해."

아이는 부모의 유전자를 물려받기는 하지만 엄연히 독립된 인격체라는 사실을 명심해야 한다. 당신이 삼각형일지라도, 아이는 원형이거나 S형일수 있다. 네모형일수도 있고, 오각형, 육각형일수도 있다. 문제는 원형인 아이를 그대로 인정해 주고 보완점을 찾아내려 하기보다는, 동그란 부분을 깎아내어 날카로운 삼각형으로 만들고자 하는 행동에서 벌어진다. 부모 자녀간의 관계에서 벌어지는 최악의 일들은 잘못된 확신 아래서 이뤄진다. '나는 누구보다 내 아이를 잘 안다'라는 확신. 나는 누구보다 나의 엄마와 아버지를 잘 안다는 확신. 이러한 확신은 근거 없는 신념에 가깝다.

엄마, 아빠 그리고 아들, 딸의 마음을 모르겠는가? 이 질문에 이렇게 반문해볼 필요가 있다. 과연 얼마나 서로의 마음을 제대로 알려고 노력해 보았는가? 해결책은 알고자 하는 노력 끝에 자연스럽게 도출되기 마련이다.

우리는 인간이고, 늘 부족한 부분이 있을 수밖에 없는 도형이다. 그런데도 당신은 부모라는 이유로 아이의 '빈틈'을 막아 동그라미를 만들고자 하고 있지는 않은가? 이는 절대로 아이에게 행복을 주지 못한다. 이것은 개선이 아니다. 완벽한 동그라미로 '개조'하고 싶은 것이다.

도형심리학에서는 어떤 도형이 좋다, 나쁘다고 말하지 않는다. 모든 도형에는 각기 장점이 있고, 부족한 점이 있을 뿐이다. 부족한 부분이 있다면 좋은 방향으로 보완하면 그것으로 충분하다. 우리의 뇌 역시 부족한 부분을 없애기보다는 보완하는 쪽으로 진화해왔다. 예를 들면 우리는 거의 직관적으로 상대의 장단점을 파악하고, 심리 상태를 알아차리는 능력이 있다. 바로 이 부분이 알고리즘에 의해 움직이는 기계로서는 여전히 불가능한 부분이다. 말하자면 우리는 어림짐작의 귀재들이다. 여기에는 어떤 비밀이 숨겨져 있을까? 우리는 논리의 알고리즘이 아닌, 프레임Frame으로 세상을 본다. 프레임은 간단히 말하자면 '생각의 틀'이다. 바로 그래서 생각의 틀은 몇 가지 특징적인 도형의 형태로 정의할 수 있다. 앞서 간략하게 언급하고 넘어갔던 원형, 삼각형, 사각형, 오각형, 육각형, 곡선형이 그것이다. 성격은 사고의 틀 안에서 두드러지게 표출되는 형태의 한 부분이라고 할 수 있다.

성격에 관한 이야기를 잠깐 짚고 넘어가자. 우리는 흔히 어떤 사람을 가리켜 내향적 혹은 외향적이라고 단순하게 말한다. 하지만 '내향적'이라는 모호한 분류 딱지 한 장으로 '모두 같은 사람'이라고 할 수 있을까?

내향적이라고 해도 사람마다 심리적 기저와 표출방식은 완전히 다른 형태일 수 있다. 원형이지만 내향과 외향에 따라 다르고, 곡선형(S)이지만 내향과 외향에 따라 또 다른 특성을 보일 수 있다. 그렇다면 내향원형과 내향에스가 다를 수 있고, 내향삼각형과 내향사각형이 다를 수 있다는 말이다. 내향성이 가지고 있는 성격적 특성은 유사할 수 있지만, 이들의 내면에서 솟아 나오는 목소리는 또 다른 형태일 것이다.

인간의 성격유형을 엄밀히 분류하자면 지구상에 존재하는 인구수만큼 다양하다고 정의할 수 있다. 단 한 사람도 같은 유전자는 존재하지 않기 때문이다. 그저 쉽게 말하고 들으면서 우리는 전혀 놀라지 않는 사실이 더욱더 놀라운 일이다. '지구상에 존재하는 나는 단 한 명'이라는 사실 앞에 인간의 존엄과 그에 대한 책임을 다해야 하는 이유이다. 본서에서 분류되는 6가지 도형의 성격특성은 인간의 내면을 들여다보려는 방법으로 편의상 이해하기 쉽도록 분류하였고, 객관적인 기준과 절차에 의하여 통계검증을 거쳐 GeoPiA성격.심리검사도구로 사용되고 있다. 이제 다음 장의 도형 마을의 도형 이야기를 통해서 우리들의 내면을 좀 더 자세히 들여다보자.

2장

도형 마을 상담실에서 생긴 일

도형 마을의 도형들에게는 고민이 있었다. 생김새가 다른 도형들은 생각하는 것도 서로 달랐고, 생각하는 방식도 달랐다.

담벼락을 쌓을 때는 사각형이 필요했다.

자동차 바퀴에는 동그라미가 있어야 했다.

길을 안내할 때는 방향을 알려주는 삼각형이 있어야 했다.

오각형은 다이아몬드를 만들 때 필요했다.

육각형은 가장 안정적인 구조물을 만들 때 필요했다.

S도형은 곡선을 만들 때 반드시 있어야 했다.

도형 마을의 도형들은 함께 살아가야 한다는 사실을,

혼자서는 살아갈 수 없다는 것을 누구보다 잘 알고 있었다.

하지만 이들은 서로의 마음을 이해하지 못해 애를 먹고 있었다.

심리상담사 '지오피어(GeoPier)'씨는 어떻게 하면 이들이 서로에 대한 오해를 풀 수 있을까 고민한 끝에 지오피아(GeoPiA)성격상담·코칭센터를 열기로 했었다.

그리고 하나, 둘 도형들이 상담센터로 찾아오기 시작했다.

* 지오피어(GeoPier): 지오피아(GeoPiA)도형심리. 성격검사 분석 전문가

상담실에 찾아온 도형들

- 네모의 이야기 : 원칙 중심

지오피어 : 이곳은 지오피아(GeoPiA)성격상담·코칭센터입니다. 어서 오세요!

네모 : 고민이 있어서 왔어요. 최근 스트레스가 너무 심해져서요.

지오피어 : 무엇 때문에 스트레스를 가장 많이 받나요?

네모 : 저에게 가장 중요한 것은 정확함과 질서입니다. 체계를 망가뜨리는 건 생각할 수 없어요. 보세요. 세상은 사각형으로 되어 있잖아요. 네모난 책상, 네모난 돈, 네모난 텔레비전, 네모난 사진……

지오피어 : 하하, 어디서 많이 듣던 노래 같네요.

네모 : 그런가요. 하여간 제가 회사에서 가장 싫어하는 사람은 출근 시간에 늦고, 근무시간 중에 노닥거리고, 대충 일하는 사람들이에요. 가끔 동그라미가 사람들과 이야기를 나누다가 거래처에 전화를 늦게 한다든가 그런 짓을 해서 저에게 구박을 받곤 하죠. 이런 사람들을 보면 정말 참을 수가 없어요. 일할 때는 일만 해야 한다는 게 제 생각입니다.

지오피어 : 회사 사람들과 인간관계는 대체로 어떤 편인가요?

네모 : 뭐, 저를 싫어하는 사람들이 많은 편이죠. 하지만 저는 저를 싫어하는 사람들에게까지 저를 좋게 만들고 싶진 않아요. 저와 비슷한 생각을 가지고 있는, 이를테면 '코드가 잘 맞는' 사람들과 어울리는 쪽을 택하는 편이죠.

지오피어 : 회사 일 때문에 스트레스를 많이 받으시는군요?

네모 : 네, 할 일이 정말 많아서 스트레스가 심해요. 예측할 수 없는 일들이 쏟아져 들어와요. 그러면 모든 게 조금씩 망가지기 시작하고, 결국엔 소리를 버럭 질러서……. 그렇게 되면 사람들이 저를 무서워해요. 평소엔 안 그런데 말이죠. 대개는 안정적이고, 조용하고 차분하며 침착하다고 할 수 있지요. 그런 저를 대개 사람들은 신뢰하는 편이지요.

지오피어 : 그렇다면 왜 네모님께서는 그렇게 스트레스를 심하게 받을까요?

네모 : 제가 묻고 싶은 게 바로 그겁니다.

지오피어 : 음. 그건 말이죠. 당신이 바로 사각형이기 때문입니다

네모 : 사각형이라서요?

지오피어 : 당구대를 생각해 보시면 어떨까요.

네모 : 그러니까 제가 당구대 같은 사람이란 말인가요?

지오피어 : 당구대는 무겁고 튼튼하고 절대 흔들리지 않아요.

네모 : 그렇죠. 그래야 당구대가 제구실을 하죠.

지오피어 : 움직이는 건 당구공이죠. 당구공은 큐가 찌르면 굴러갑니다. 그리고 저 앞의 구석에 부딪혀 이쪽으로 다시 돌아서 다른 공과 만납니다.

네모 : 저는 당구대고, 제가 하는 일은 당구공과 같은 것이군요.

지오피어 : 네모님은 누군가 자신을 찔러주기 전에는 그 자리에서 묵묵히 기다리고 있는 겁니다. 그리고 느긋하고 여유 있게 움직입니다. 절대 서두르지 않죠. 시간에 쫓기지 않죠. 말하자면 든든한 장남 이미지이죠. 거짓말을 못 하죠. 하지만 당신이 움직이는 것은 당구대의 모서리까지입니다. 절대로 모서리를 넘어가지 않습니다.

네모 : 당구공이 당구대 모서리를 넘어가면 안 되죠.

지오피어 : 그렇습니다. 당신은 예측 가능한 환경을 원합니다. 예측할 수 없이 갑자기 변화하는 걸 매우 싫어합니다. 그래서 당신의 옷장은 실용적인 옷들로 채워져 있고, 새로운 유행을 받아들이는 일에 매우 보수적이죠. 당구 테이블처럼 단색으로 안정감과 편안함을 줄 수 있는 컬러를 좋아해요. 회색이나 황갈색 같은 부드럽고 단조로운 색도 좋아하죠. 아마도 회사에서 네모님의 책상은 단정하고 깨끗할 것 같습니다. 서류철들은 한눈에 알아볼 수 있도록 색깔별로 구분되어 있을 겁니다.

네모 : 색깔로 깔끔하게 분류된 서류 파일철을 보면 참 행복하죠.

지오피어 : 당신은 마지막이 결정된 역사 소설이나 전기 소설을 좋아하고, 목재로 만드는 일을 좋아하죠. 수작업으로 하는 일이라면 뭐든지 즐기죠. 음악은 바흐나 모차르트를 좋아하고.

네모 : 바흐를 조금 더 좋아하죠.

지오피어 : 일에서는 공과 사를 좀 심하게 구분하죠.

네모 : 그런 편이에요.

지오피어 : 그런데 네모님은 혼자 일하는 걸 더 좋아하시죠?

네모 : 스트레스를 받으면 더욱더 그렇습니다.

지오피어 : 팀원을 믿고 팀원들의 이야기를 잘 들어 주지만 굳이 위험을 무릅쓰고 싶진 않겠죠? 책임을 질 용기는 있지만, 일부러 위험을 감수하진 않는다는 점에서 당신은 보수적입니다. 당신이 교회를 나간다면 교회를 사랑하고 당신이 회사를 나간다면 회사를 사랑할 것입니다.

주제넘은 일이지만 제가 네모님의 가정생활에 관해서 이야기해 봐도 될까요? 당신은 전통적인 가족의 가치를 존중하죠. 당신은 이혼이라는 것을 인생의 선택지에 놓지 않습니다. 가사는 공정하게 나누어지길 기대하고 식사는 정해진 시간에 해야 합니다.

네모 : 그게 마음대로 되지 않으면 심한 스트레스를 받지요.

지오피어 : 당신의 가장 큰 결점은 종종 자신감이 부족하다는 것입니다. 어떨 때는 너무 심각합니다. 당구를 예로 들면 큐를 들고 공 앞에서 너무 오래 망설이면 원하는 공의 궤적을 만들 수 없습니다. 네모님은 한 번 시작한 일의 마무리는 잘 하지만 처음 시작하는 추진능력이 부족한 편입니다. 당구 시합이라면 한 번 공을 때린 후에는 공이 움직이는 걸 바라보고 있을 수밖에 없지만, 비즈니스는 그렇지 않지요. 사건이나 상황 중간중간 개입해서 돌발적으로 튀어나온 문제를 해결해야 할 경우가 많습니다. 이런 상황에서 당신의 보수적 성향은 의도치 않게 방관자적 태도로 여겨질 수 있고, 팀원들에게 이기적인 모습으로 보일 수 있습니다. 일에 대한 열정을 강력하게 갖고, 다른 사람에게 부탁해보세요. 매 순간 결정능력을 키워야 합니다. 새로운 변화에 도전하고 결과를 수용해야 합니다. 당신은 안정을 원하지만, 안정만을 원해 제자리에 있다 보면 추락할 수밖에 없습니다. 확실한 안정을 위해서는 진취적일 필요가 있습니다.

네모 : 그렇군요. 좋은 이야기인 것 같습니다.

지오피어 : 연애 이야기로 옮겨볼까요.

네모 : 연애 이야기라고요. 듣고 싶네요.

지오피어 : 네모님은 한 사람에게 아주 성실하지요. 그러나 사랑을 표현하는 일을 어려워할 수 있습니다. 만일 당신의 상대가 네모형이 아니라면 당신은 바짝 정신을 차려야 합니다. 만약 상대 연인이 원형이라면 어떻게 해야 할까요? 원형들은 보통 사교적이고 늘 새로운 것에 대한 호기심이 많고 수용 능력이 뛰어나 원만한 대인관계를 유지합니다. 그래서 당신의 연인이 동그라미 형이라면 다른 도형들이 채어갈 확률이 높습니다. 서둘러 고백하십시오. 당신의 신중함과 무거움 때문에 상대가 기다리다 지쳐 떠날 수 있습니다. 특히 당신의 느긋함은 조급한 세모형이 답답함을 못 이겨 떠나게 만들 수도 있습니다. 네모 도형은 확실한 지침을 주고 해결해 줄 수 있는 세모 도형에게도 끌립니다. 하지만 자칫하면 매사에 세모 도형의 결정에 의존하려고 할 수 있습니다. 데이트 장소를 잡거나 뭔가를 결정할 때 주도적으로 나서는 모습을 보여주어야 합니다. 엉뚱한 상상력과 개성이 강하고 개방적인 에스 도형에게 네모 도형은 답답하고 재미없는 사람으로 비칠 수 있습니다. 하지만 당신이 재미없다는 단점을 억지로 고치려 하지는 마세요. 네모님께서는 절벽 위의 높은 성벽이 아니라 양을 늑대로부터 보호하는 넓은 초원 위의 울타리가 되어주는 사람이니까요.

자, 오늘 상담은 여기까지 하고 다음 시간에 다시 만납시다.

네모 : 네, 감사합니다.

상담실에 찾아온 도형들

- 세모의 이야기 : 성과 중심

지오피어 : 지오피아 성격상담·코칭센터입니다. 어서 오세요! 어떤 고민으로 찾아오셨나요?

세모 : 저에게 가장 중요한 것은 성공입니다. 성공하기 위해서는 무엇보다 신속한 추진력과 결단력이 중요하다고 생각합니다. 저는 지금까지 그렇게 해왔고, 동료들로부터도 그런 점에서 인정을 받고 있습니다. 성공으로 가는 길에 복잡한 설명은 필요하지 않아요. 저는 늘 "결론이 뭐야?"라고 말하죠. 그렇게 해도 지금까진 괜찮았던 것 같아요. 그런데 요즘에는 사람들이 저를 어려워하다 못해 꺼리는 게 느껴져요. 일은 제가 잘하니까 함께 하려고 합니다. 그러나 일이 끝난 뒤에는 저에게 말을 걸어오는 사람이 없어요. 어떨 때는 일은 별로 못하면서 사람들과 친하기만 한 원형이 짜증도 나지만 사실은 부럽기도 해요.

지오피어 : 세모형의 성격은 잠시도 가만히 못 있는 성격입니다. 늘 움직임이 많아서 끊임없이 새로운 일을 계획하고 추진하는 경향이 많습니

다. 능동적이고 외향적이며 의지가 강하고 자신만만하죠. 타고난 리더 유형이에요. 하지만 덕장이 아니라 용장에 가깝습니다.

세모 : 아, 그 이야기는 몇 번 듣긴 했어요. 저는 '덕'을 갖추는 게 중요하다는 말을 들었죠.

지오피어 : 용장은 카리스마로 사람들을 제어하고 책임지고 관리하는 능력이 있습니다. 문제는 용장일수록 참모의 이야기에 귀를 기울이지 않는 편이라는 겁니다. 정말 고집이 세죠. 자기중심적일 뿐만 아니라, 매우 경쟁적이라서 지는 것 자체를 싫어해요. 그걸 경험으로 살릴 생각은 잘하지 못하고, 잘못되는 것 자체를 감당하기 힘들어하는 거죠. 누구나 완벽주의적인 기질은 조금씩 있지만, 세모는 가장 자기주장이 강한 편입니다.

세모 : 얼마 전에 직장에서도 일 때문에 싸운 일이 있었습니다. 신입으로 제가 처음 받은 큰일이었는데 그게 입찰 과정에서 떨어졌어요. 내 판단대로 했으면 성공했을 것 같은데 상사가 무능력해서 말을 들어주지 않은 게 너무 화가 나서…….

지오피어 : 조금 다른 이야기지만, 건강은 어떤 편이신가요?

세모 : 그때 일 때문에 1주일간 거의 하루 1시간 밖에 잠을 못 잤어요. 결국 몸이 너무 안 좋아서 병원에 다녀왔습니다. 의사들은 이렇게밖에 말을 못 하더군요. 잘 먹고 푹 쉬어야 한다고. 하지만 잘 먹고 푹 쉴 줄 몰라서 못 하나요?

지오피어 : 맞습니다. 바로 그걸 몰라요. 몰라서 못 먹고 잘 쉬지 못합니다. 세모형들은 건강 문제를 조심해야 해요. 목표달성에 초점이 맞추어져 있을 때 무리를 해버리는 경향이 있습니다. 스트레스를 받을수록

더 심해져요. 심지어 여가를 즐기거나 취미 활동을 할 때도 과도하게 1등에 집착하는 경향이 있어요. 무엇을 하든, 무조건 1등이 되고 싶은 거죠. 전혀 그럴 필요가 없는데도 말이죠. 삼각형 꼭대기의 뿔이 안테나처럼 작동하는 겁니다.

세모 : 얼마 전에 자전거를 타러 한강에 나갔는데 제 옆으로 자전거 한 대가 휙 지나가는 겁니다. 순간 경쟁심에 미친 듯이 페달을 밟아댔어요. 제가 봐도 제 경쟁심은 가끔 좀 정신이 나간 거 같아요. 왜 저는 누군가를 이겨야 한다는 마음을 조절하기 힘들까요.

지오피어 : 놀 때 뭔가 액티브한 것들만 하기보다는 때로는 한강 둔치에 나가 돗자리 하나 깔아놓고 드러누워서 '아무것도 하지 않기'를 해보세요. 명상이나 묵상도 도움이 될 겁니다. 내면의 소리를 들어보시길 바랍니다. 세모형에게 부족한 것은 지능이 아니라 지혜입니다. 본인이 이야기했듯이 어떤 일들이 반드시 본인이 원하는 방법대로 되기를 원해요. 일을 결정하는 데 있어서 남들과 거의 함께하지 않습니다. 그러다 보니 하나의 팀으로 일하면 팀의 결속력을 해치는 부분이 생기죠.

세모 : 안 그래도 조금 전에 이야기했던 일 때문에 나중에 상사가 되면 제 말을 안 듣는 녀석들 말은 아예 무시해버려야겠다고 생각했어요. 시간이 지나서 생각해보니 제가 참 유치하고 못난 놈 같더군요.

지오피어 : 세모형은 바로 그런 독선을 가장 조심해야 합니다. 삼각형의 모양을 보면 짐작이 되죠. 피라미드는 가장 대표적인 삼각형이죠. 옛사람들이 왜 이런 건물을 지었겠습니까. 권위 의식을 드러내는 거죠. 다른 사람들은 종종 당신을 뛰어난 지도자로 봅니다. 세모형은 결정에 기꺼이 책임을 지는 용기를 가지고 있습니다. 높은 목표를 달성하고 끊

임없이 도전하죠. 다만 그 용기가 만용이 되어선 안 됩니다. 좀 더 성공하고 싶다면 다른 사람의 의견을 존중하는 법을 배워야 합니다.

세모 : 구체적으로 제가 무엇을, 어떻게 하면 좋을까요?

지오피어 : 다른 여러 도형들에게서 배워야 합니다. 원형과 곡선형들이 가지고 있는 인간미라고 하는 게 뭔지 보고 배워야 합니다. 대표적인 예로 삼각형은 삼국지의 '조조'를 역할 모형으로 삼아서 배워야 합니다.

세모 : 조조요? 저는 유비 같은 인물에게서 덕을 배워야 할 것 같은데…. 제가 조조에게서 배울 게 있을까요?

지오피어 : 네, 그렇습니다. 우리가 삼국지를 이야기할 때 흔히 유비를 덕장德將이라고 말하는데, 모든 세모형이 유비와 같은 덕장이 될 필요는 없습니다. 그것은 거의 불가능합니다. 유비는 원형의 덕장이기 때문입니다. 세모형은 세모형으로서 추구해야 할 덕장의 모습이 따로 있습니다. 그게 바로 조조입니다.

세모 : 그런가요. 그런데 제가 알고 있기로는 조조는 서주대학살이라든지, 자신의 목표를 위해 수단 방법을 가리지 않았던 아주 잔혹한 인물이잖아요?

지오피어 : 제가 조조를 세모님의 역할 모형이라 말한 이유는 조조에게 배울 점은 배우고 그렇지 못한 점은 버려야 한다는 뜻입니다. 서주대학살은 분명 그의 단점에서 비롯된 일이었습니다.

먼저 조조가 잘했던 이야기부터 해보죠. 조조가 활동하던 시기는 후한 시대였습니다. 이 시대의 인재 채용 제도는 간단히 말하자면 추천제였고, 인물을 추천하는 것은 지방관이었습니다.

세모 : 말은 그럴싸한데 그게 실제로 제대로 기능할 것으로 보이지는

않네요. 당시에는 뭘 기준으로 인물을 추천한 건가요?

지오피어 : 네, 그렇죠. 한계가 분명히 있었습니다. 지방관은 그 지방에 파견된 사람일 뿐이었습니다. 그 지역의 누가 훌륭한 인재인지 알 수 없었죠. 시험 점수가 있었던 것도 아니었습니다. 게다가 인재가 있다는 소문이 있어도 며칠 동안 가마를 타고 가든, 말을 타고 가서 만나봐야만 알 수 있었죠. 유비가 제갈량을 자기편으로 끌어들이기 위해 삼고초려를 했다는 말이 아주 큰 과장은 아닌 겁니다. 조조가 이런 상황에서 인재를 모은 방법은 유재시거唯才是擧 즉, 오직 재주만 있다면 등용하라는 것이었습니다. 조조 용인술의 핵심이죠. 조조는 혼자 힘으로는 천하를 평정할 수 없다는 걸 누구보다 잘 알고 있었고 그래서 평생 인재를 모으기 위해 직접 노력했습니다. 심지어 다른 제후나 장수 밑에 있었던 사람을 데리고 오기도 했을 정도죠. 아주 영리한 사람이었습니다.

세모 : 관우가 잠시 조조 밑에 있기도 했죠?

지오피어 : 네, 그 정도로 조조는 모든 사람을 자기편으로 끌어들이려 노력했습니다. 문제는 조조에게 인재란 철저하게 '장기말'이었다는 것입니다. 전쟁 지휘관들이 때로 사람들을 장기판의 기물처럼 이용하는 것과 꼭 닮아있죠. 서주대학살이라는 초토화 작전을 사용하게 된 것도 다분히 조조의 성향에서 비롯된 일이라고 보입니다. 그에게 서주 민간인 10만 명은 '인재풀Pool'이 아니라 전략적으로 제거해야 할 '들풀'에 지나지 않았던 겁니다. 삼각형의 사람들에게도 바로 이런 성향이 있습니다. 굳이 입 밖으로 내지는 않지만, 사람을 크게 두 가지로 구분 지어 대하는 거죠. 자신에게 필요한 사람과 필요하지 않은 사람으로 말입니다. 이는 반드시 자신에게 어떠한 형태로든 부메랑처럼 되돌아올 것입니

다. 조조가 중원 통일이라는 대업을 눈앞에 두고 사실상 실패한 것도 바로 이러한 이유에서 비롯됩니다. 게다가 말년에는 그의 장점이었던 냉정함을 잃어버리지요. 도저히 같은 사람이라고 보기 힘들 정도로 판단력이 망가졌죠. 늘 본인이 앞장서서 싸우고 빠른 판단을 주도하려다 보니 결국 자신에게 과부하가 걸리기 시작한 것입니다.

세모님은 설거지 하나도 남이 하면 맘에 안 들어서 결국 본인 스스로 하는 그런 성격 아니신가요?

세모 : 맞아요. 제가 그런 면이 있습니다. 정확하게 보시는군요. 설거지나 세탁은 제가 직접 하지 않으면 뭔가 맘에 안 들어서 남을 시켰다가도 결국 제가 직접 합니다.

지오피어 : 조금 너그럽게, 다른 사람들에게도 기회를 줘야 합니다. 쉽지는 않겠지만요. 세모형들은 팀 플레이어가 아니라 '스타'가 되고자 하는 성향이 강해서 그렇습니다. 삼각형을 위아래로 붙여놓으면 별이 되듯 말입니다. 별이 하늘에서 빛나듯, 세모형들은 당신과 견줄만한 재능을 가진 사람이 주변에 없을 거라고 생각할 겁니다, 직설적으로 말해서 당신에게 동료는 멍청이고, 상사는 월급 도둑이죠. 하지만 혼자 빛날 수 있는 별은 많지 않습니다. 스스로 빛나는 별은 대부분 신성처럼 껍질이 폭발하거나 초신성으로 폭발하면서 최후를 맞이하는 별입니다. 별이 하늘에 있지 못하면 그건 파멸입니다.

세모 : 그런 별과 같은 최후를 맞이하고 싶진 않네요. 저에게도 아내가 있고, 가족이 있거든요.

지오피어 : 그렇죠. 세모형은 가족이나 연인을 위해 누구보다 헌신적으로 노력합니다. 문제는 이것 역시 경쟁심이 개입될 여지가 있습니다.

누구보다 당신이 가장 좋은 남자 친구, 가장 좋은 아빠가 되어야 한다고 생각하는 거죠. 혹시라도 세모형 연인과 사귀고 계시는 분들에게 저는 이렇게 조언해드립니다. 원 스타(준장)를 하나 모시고 산다고 생각하는 것이 편할 거라고 말입니다. 달콤한 대화에 대한 환상은 깨끗이 버리는 게 좋다고요. 물론 세모형들은 대부분 상대의 편을 들어주지만 이게 연인으로서 공감해주는 거라기보다는, 때로 상관이 부하를 믿는 것 같은, 그런 공적인 신뢰 관계인 것 같다는 생각이 들죠. 그래서 때로 부하를 대하듯 아무렇지 않게 상처 되는 말들을 툭툭 던져요. '다 네가 잘되라고 하는 말'이라고 하면서 말입니다. 연인의 입장에서 이런 말에 무슨 딴말을 하겠습니까. 반박할 수는 없으니, 그래서 더욱 서운하고 화가 나죠.

세모 : 아내에게 그런 이야기를 자주 들었습니다. 당신 말은 다 맞는데 듣고 있으면 화가 난다고, 같은 말도 배려해서 좀 부드럽게 해주면 안 되겠느냐고…….

지오피어 : 본인이 세모형이라면 연인과 대화할 때 의도적으로라도 부드러움을 훈련하면 도움이 될 것입니다. 당신의 말은 언제나 목적이 명확하지만, 바로 그게 너무 명확한 바람에 때로 수리검이 되어 상대에게 박힐 수 있기 때문이지요.

세모 : 무섭군요.

지오피어 : 제2외국어를 배운다는 느낌으로 상대방의 감정, 기분, 정서를 고려하는 말을 배워보세요. 옛날에는 영어 공부를 하기 위해 펜팔이란 걸 했죠. 그것처럼 당신의 연인에게 입으로, 메일로, 문자로 하루 한 가지 유머를 전달해보세요. 당신의 사랑이 성공하기를 진심으로 기

대한다면 말입니다.

세모 : 알겠습니다. 그 외에 더 조언해 주실 내용이 있으신가요?

지오피어 : 퍼스널리티에 컬러를 입혀보시길 추천합니다. 자신의 개성을 나타내기 위해 자신에게 특유의 색상을 부여하는 것입니다. 세모형의 상징 컬러는 빨간색입니다. 결단력과 넘치는 자신감으로 주위 사람들에게 카리스마 있는 강한 지도력을 발휘합니다. 그러다 보니 당신 가까이에 다가서기를 부담스럽게 여길 수 있으므로 편안하고 차분한 자연의 컬러 초록색을 덧입혀 보는 것입니다. 늘 정리되어 있고 단정한 당신의 이미지에 인간적 매력이 더해진다면 하늘 위에 떠서 밤에만 빛나는 별이 아니라, 많은 사람의 사랑을 받는 진정한 의미의 스타가 될 수 있을 것입니다.

세모 : 조언 감사합니다.

상담실에 찾아온 도형들

- 원형의 이야기 : 인간관계 지향

지오피어 : 어서 오세요.

원형 : 심각한 고민이 있어서 왔어요.

지오피어 : 어떤 고민인가요?

원형 : 인간관계 때문입니다.

지오피어 : 사람들과 만나는 게 어려우신가요?

원형 : 아뇨. 그렇진 않아요. 성격이 둥글둥글해서 주변 사람들과는 잘 사귀는 편입니다.

지오피어 : 그럼 뭐가 문제인가요?

원형 : 저는 사람들의 고민을 들어주고 해결까지 해주는 편입니다. 하지만 인간관계의 폭이 넓다 보니 '진짜 친구'가 얼마나 있을까를 생각하면 문득 의문이 들어요. 거대한 접시 위에 종잇장처럼 얇게 펼쳐진 수프를 수저로 뜨는 느낌과 비슷하달까요. 넓은 만큼 너무 얇아 수십 번을 떠야 수저 하나가 채워지는 그런 기분 아실까요.

지오피어 : 그건 고민이라기보다는 불만스러움 같은 거 아닌가요?

원형 : 아, 네. 그럴 수도 있겠네요. 하지만 '네모' 상사가 어째서인지 제 책상을 볼 때마다 불편한 얼굴로 바라보는 것 같아요. 왜 그런지는 모르겠습니다. 그리고 최근에 들어온 신입사원 '세모'도 거슬려요. 끝까지 자신의 주장을 뾰족하게 드러내는 게 저에겐 너무 불편해요.

지오피어 : '네모' 상사나 '세모' 신입사원과 직접 대립하거나 다툼이 있었나요?

원형 : 설마요. 전 그렇게 멍청한 사람이 아니에요. 적을 만들지 않는 편이죠. 때가 되면 저도 사람들에게 지시를 내리는 위치에 설 것이고, 그렇게 되려면 아군뿐만 아니라 적의 협력을 이끌어 내는 그런 능력이 필요하죠. 잘난 척하는 말이지만 저에겐 그런 능력이 있다고 생각해요. 다만 말 그대로 불편한 거죠. 저는 모든 일을 원만히 처리하려 하는데, 그런데 이 사람들하고는 그게 잘 안 돼요.

지오피어 : 원형님의 최종 목표는 출세인가요?

원형 : 아뇨. 때가 되면 저도 언젠간 회사를 떠나겠죠. 그리고 회사에서 떠나면 바다가 보이는 집 한 채를 사서 낚시나 하면서 편하게 살다가 여생을 마치는 게 제 소박한 꿈입니다. 솔직히 말하자면 제 고민은 간단합니다. 어떻게 하면 좀 더 편한 직장 생활이 될 수 있을까요? 네모나 세모와 사이좋게 지내는 방법이 있을까요?

지오피어 : 네 알겠어요. 제가 제 나름 조언을 해 드릴게요. 당신은 편안한 것을 추구하는 도형이에요. 직장이 집 같아야 마음이 놓이죠. 이건 다르게 말하면 당신이 생각하는 편안한 집의 모습을 직장으로 가져온다는 말이죠. 평소에 꼼꼼하게 집을 정리하는 편이 아니죠?

62

원형 : 네, 그래서 아내에게 자주 혼나기도 하죠. 정리 좀 하라고.

지오피어 : 아마 원형님의 회사 책상은 본인에게는 편해 보이지만, 혼잡하게 문서들이 여기저기 흩어져 있을 겁니다. 마치 집처럼요. 본인은 그러한 분위기가 집처럼 익숙하니까 불편함을 느끼지 못하겠죠. 맞나요?

원형 : 좀…. 그런 거 같네요. 아니 제가 생각해도 사실 많이 지저분하긴 하죠.

지오피어 : 하지만 꼼꼼한 네모라면 원형님의 책상을 보면서 겉으로는 표현하지 않지만 불편함을 느낀다는 걸 알아야 해요. 의식적으로 책상 정리를 꼼꼼히 하고, 되도록 네모 상사 앞에서 업무시간 중 사적인 전화를 한다거나 카톡을 하는 일은 피하는 게 좋을 것 같아요. 업무나 인간관계 모두 집중이 중요해요. 뭐든 내가 해결해 주겠다는 식으로 나서기보다는 깊은 우정 관계를 나눌만한 몇 사람을 찾아서 그 사람들과의 관계를 집중적으로 발전시키는 전략을 취해보세요. 다행히 원형님 주변에는 많은 사람이 있을 테니 뜻대로 잘되지 않더라도 계속 시도해볼 수 있을 겁니다.

원형 : 알겠습니다. 그렇다면 신입사원 '세모'와는 어떻게 해야 할까요?

지오피어 : 원형님의 여유로운 성격으로 세모를 잘 감싸주어야 합니다. 세모는 매우 행동적이고 경험적으로 뭔가를 배워나가려는 습성이 있습니다. 좋게 본다면 열정이 있죠. 하지만 그만큼 매우 뾰족해서, 깨지고 부서지기 쉬운 성격입니다. 전쟁으로 놓고 본다면 '장수'에 어울리는 유형입니다. 당신은 그를 다룰만한 능력을 갖춘 '참모'가 되어야 하

고요.

원형 : 그렇군요. 세모가 일 하나는 잘하죠. 저도 그건 인정합니다.

지오피어 : 원형님이 가진 능력 중 가장 뛰어난 능력은 '돕는 능력'입니다, 이 능력을 세모에게도 쓸 수 있을 겁니다. 원형님은 의사소통 능력이 좋으시니까요. 잘 들어주고 조언하는 일에 매우 익숙하지요. 세모에게 훌륭한 동기부여자가 될 수 있습니다. 하지만 그 이상의 과한 노력은 하지 않아도 돼요. 당신이 아무리 좋은 이야기를 해줘도 선택은 어차피 상대가 하는 거니까요. 예를 들어 이런 선생님이 있다고 생각해 봅시다. 소수의 불량 학생들을 계도시키는데 몰두해서 학교 일에 소홀한 모습을 보이고, 다른 학생들에게는 거의 관심조차 두지 못하는 선생님이 있다고 말입니다. 이런 사람이 정말 좋은 선생님이라고 할 수 있을까요? 이 선생님은 날마다 불량 학생 선도에만 열중해서 가출하고 학교에 안 나오는 학생을 찾아 거리를 헤매기도 하고 그 부모를 찾아가 이야기하기도 합니다. 모범 교사로 표창장도 받았지요. 그러나 그분은 '평범한' 학생들에게는 아무런 관심도 없습니다. 그래서 학교 내에서 여러 선생님이나 일부 학생들에게는 비판의 대상이 되기도 했습니다. 이 선생님은 자신을 비판하는 사람들에게 '학생 교육에 열정이 없는 사람'이라고 비난합니다. 원형님은 이런 선생님을 어떻게 생각하시나요?

원형 : 글쎄, 물론 훌륭한 선생님이죠. 하지만, 나쁜 선생님은 아니지만 적어도 제 기준에서는 좋은 선생님은 아닌 것 같아요. 교사가 하는 일에는 반드시 '보편성'이 필요하니까요.

지오피어 : 보편성이라……. 네 잘 보셨습니다. 특수성에 집착하여 보편성을 잃어버리는 것, 이게 문제죠.

원형 : 교사가 해야 할 많은 일 중에서 하나가 '청소년 선도'지요. 하지만 교사가 그것만을 해야 하는 건 아닙니다. 그 이외의 일도 많으니까요. 가령 과외 교사도 학생을 가르치고 학교 선생님도 '가르친다'라는 관점에서는 같을지 몰라도 사실은 전혀 다른 일을 하는 거로 생각해요.

지오피어 : 그렇죠. 그 선생님은 자신이 해야 할 일 중에서 하나에만 집착하신 거죠. 원형님은 자칫 그런 교사와 비슷한 상태가 될 수도 있습니다. 원형님은 집착으로 한 가지 일에 빠져들기 전에 함께 일하는 팀에 역할을 부여해야 할 사람입니다. 좀 더 효율적으로 일의 순서나 시간을 관리하는데, 신경을 써야 해요. 팀 플레이어가 되어야 하니까요. 그리고 말하는 양이나 크기를 줄이고 다른 사람에게도 말할 기회를 충분히 주세요. 일할 때는 마무리에 소홀해지기 쉬우니, 사전에 충분한 검토와 계획을 한 후에 실행해야 합니다. 늘 기록하는 습관을 갖도록 하고 기록한 것을 잃어버리지 않도록 주의해보세요.

원형 : 좋은 조언 감사합니다.

지오피어 : 궁금한 게 있는데 가정생활은 어떠신가요?

원형 : 아내, 딸, 아들, 강아지, 고양이 한 마리. 늘 부산스럽죠.

지오피어 : 혹시 회사에서 일거리가 있으면 집으로 가져오는 편인가요?

원형 : 하하, 어떻게 아셨어요? 가끔 그것 때문에 아내한테 한 소리 들은 적도 있거든요.

지오피어 : 앞서 책상 이야기를 했죠? 원형님들은 주로 집의 분위기를 회사 책상으로 가져오는 만큼, 반대로 회사의 분위기나 일거리를 집의 식탁으로 가져와요. 회사 일과 집안 일이 구분이 안 되는 거죠. 어쩌면

구분할 필요를 느끼지 못하는 것일수도 있겠네요. 가출한 학생을 찾아내기 위해 학교에도 출근하지 않고 거리를 헤매는 선생님처럼요. 잃어버린 양을 찾는 이런 선생님 모습은 감동적일수는 있지만, 이성적이거나 일반적인 행동이라고는 볼 수 없어요. 이런 극단적인 단계까지 가진 않으시겠지만 어쨌든 퇴근하는 순간, 회사 일은 접고, 출근하는 순간 집안 일은 잊어야 합니다.

원형 : 생각해 보니 쉽지는 않을 것 같지만 노력해 보겠습니다. 사실 집에서 해결할 수 있었던 여러 가지 일들도 길이나 지하철에서, 아니면 회사에서 문자나 전화로 지시한 적이 정말 많았군요. 그리고 회사에서 끝낼 업무 지시도 회사 퇴근 후 지시한 적도 많았고요. 왜 그랬는지 모르겠습니다. 저는 공과 사의 구별이 잘 안 되는 사람인 것 같습니다.

지오피어 : 사람이 자신의 오래된 관습적인 행동과 태도를 바꾼다는 게 쉬운 일은 아니죠. 마음을 바꾸기 전에 먼저 행동을 바꾸는 방법으로 저는 패션 스타일을 바꿔보는 걸 추천드려요. 김어준 씨라고 혹시 아시나요?

원형 : 네, 알죠. 시사프로그램에서 많이 나오죠.

지오피어 : 그분이 프랑스 파리로 배낭여행을 갔을 때 일이랍니다. 파리에 가면 루브르 박물관이랑 오페라 하우스 사이에 오페라 대로라고 큰 길이 하나 있는데 거기서 양복점 하나를 발견했답니다. 그런데 그 옷이 너무 멋있더랍니다. 문제는 가격이었죠. 자그마치 120만 원짜리였던 겁니다. 수중에는 딱 120 몇만 원 정도뿐이었는데 말입니다. 김어준 씨는 고민 끝에 그 옷을 사버렸답니다.

원형 : 아, 저는 그 기분이 뭔지 알 것 같습니다. 저도 패션에 관심이

많아서 옷들을 많이 사는데……. 신입사원일 때 진짜 멋진 옷을 보고 냅다 질러버렸던 적이 있었죠. 그 뒤로 한 달 동안 구내식당 점심과 라면만 먹으면서 살았습니다. 참 한심스럽죠, 내가 왜 이렇게 절제가 안 되는 사람인가 그런 자괴감에 시달린 적이 있습니다. 그래서 김어준 씨는 그 이후에 어떻게 되었나요?

지오피어 : 물론 누구라도 그렇겠죠. 다음 날 아침 일어나자 걱정이 되기 시작하더랍니다. 수중에 돈은 단돈 5만 원밖에 안 남았고. 한국도 아닌 프랑스 파리였으니 참 기가 막혔겠죠. 한국에 돌아갈 비행기 표는 있었을까요. 그런데 가만히 생각해 보고선 기막힌 아이디어를 떠올립니다. 지금 묵고 있는 숙소의 '호객꾼'을 하면 되겠다고 생각합니다. 호객꾼, 아시죠. 손님을 모셔 오는 직업이요. 아르바이트를 하자는 생각이 들자 그는 기차를 타고 로마로 달려갔습니다. 그리고 적당한 호텔 매니저와 협상을 했답니다. "손님 세 명 끌고 오면 그 방에 나도 재워줘라. 공짜로, 만약에 다섯 명 이상 데리고 오면 한 사람 추가분부터 나를 얼마 줘라. 그리고 아무도 못 데리고 오면 나는 그냥 가겠다."라고 제안한 거죠. 그리고 그날 한 시간 만에 30명의 손님을 데리고 왔더랍니다. 사람들은 120만 원짜리 옷을 입은 사내에게 믿음이 갔던 거죠. 나중에는 외국인들까지 불러올 생각으로 영국 친구를 고용하고 둘이 한 달간 아르바이트를 시작했는데 나중에 귀국할 때쯤에는 수중에 천만 원이 남아 있었다더군요.

원형 : 멋지군요. 저에게는 크게 공감이 되는 이야기네요. "좋은 옷장은 좋은 사장이 되는 지름길"이라는 게 제 지론이거든요. 옷이 날개라는 말이 생각납니다.

지오피어 : 그래서 조언해드리는 것이 너무 유행을 따라서 많은 옷을 사지 말고 단벌이라도 흔하지 않고 아주 품격 있고 고급스러운 의상구입을 추천해 드립니다. 그렇게 하면 훨씬 더 돋보일 수 있을 겁니다. 돈도 절약할 수 있고요. 물론 비싼 옷이 좋은 옷은 아니죠. 원형님의 패션 감각이라면 값싼 옷도 얼마든지 명품 옷으로 만들 수 있을 겁니다.

원형 : 사실 인터넷 쇼핑몰 장바구니에 옷을 담아놓고 결제를 미뤄둔 게 있는데……. 좋은 옷 하나로 끝내야겠군요. 제가 직접 만져보고 입어보고 판단해야겠습니다.

지오피어 : 네, 그것도 좋은 생각입니다. 그리고 이제부터 할 이야기는 지금 저와 이야기를 나누는 원형님 개인에 관한 이야기가 아니라 다른 원형들에게도 해당하는 이야기입니다. 원형님들은 빠르게 타인과 가까워질 수 있는 능력이 탁월합니다. 그러기에 연애할 때에도 상대방에게 너무 쉽게, 너무 빨리 다가서려는 욕구를 절제하는 게 좋습니다. 내 마음만큼 상대방의 속도가 따라오지 못하면 상대방의 무심함에 많은 상처를 받게 되거든요. 모든 사람이 원형님들처럼 다정다감하고 따뜻하며 풍부한 감성을 지닌 것은 아니니까요.

원형 : 저도 지금 아내를 만나기 전까지는 결혼을 생각해 본 적이 없었죠. 말씀하신대로 제 주변에도 그런 원형들이 꽤 많이 있는데, 주의하라고 충고를 해주겠습니다.

지오피어 : 오늘 상담은 이 정도로 마무리할까요?

원형 : 네 감사합니다.

상담실에 찾아온 도형들

- 오각형의 이야기 : 분석 중심, 시스템 지향

지오피어 : 어서 오세요.

오각형 : 고민이 있어서 왔어요.

지오피어 : 어떤 고민인가요?

오각형 : 일 때문에 날마다 불안해서 너무 힘들어요.

지오피어 : 일이 잘 안된다는 말씀이신가요?

오각형 : 아뇨, 맡아서 하는 일은 잘 되고 있어요. 문제는 일은 언제든 결국 끝이 나잖아요? 그럼 일이 없어질 테고……. 그런 생각을 하면 일을 하는 순간에도 문득문득 불안하다는 거예요. 크든 작든 뭐라도 일이 있어야만 마음이 편한데 말이에요.

지오피어 : 일 중독이군요. 워커홀릭 증세.

오각형 : 네. 바로 제가 그런 거 같습니다.

지오피어 : 일 중독은 좋게 포장하면 진취적인 사람이라는 뜻입니다. 세종대왕이나 정조 임금은 좋은 예가 될 수 있겠죠. 하지만 세종대왕은

비만으로, 정조는 피부병 등으로 매우 고생했습니다. 몸은 괜찮으신가요?

오각형 : 요즘 들어 정말 몸 상태가 안 좋아졌습니다. 잠도 잘 안 오고 무얼 먹고 싶은 생각도 별로 없고, 그러다가 갑자기 폭식해서 배탈이 나기도 합니다.

지오피어 : 본인이 일에 집착하는 가장 큰 이유는 무엇이라고 생각하시나요?

오각형 : 솔직히 말하면 집에 가봤자 별로 할 일도 없고……. 그냥 사무실에서 내가 하고 싶은 일을 하고 싶다는 그런 생각뿐이에요.

지오피어 : 많은 일 중독자들이 그렇게 이야길 하죠. 알코올 중독이나 도박 중독이 지탄을 받고 있지만, 일 중독은 사회적으로 좋은 태도처럼 여겨지니까요. 하지만 일 중독도 또 다른 의미의 끔찍한 자기파괴입니다. 정신적인 자해 행위 같은 거죠. 빨리 치료를 받아야 한다는 말입니다. 미국의 심리학자 웨인 오우츠가 1971년 자신의 저서를 통해 '워커홀리즘workaholism'이라는 용어를 처음 사용했습니다. 그는 워커홀리즘을 이렇게 정의합니다. '끊임없이 일하려는 내적 충동과 지나치게 일에 집착하는 습성으로 건강, 대인관계, 행복감, 사회인으로서의 정상적 기능에 장애와 마찰을 유발하는 잠재적으로 파괴적인 행동'이라고 말입니다. 좀 어렵죠? 그냥 마지막 구절만 기억해볼까요. 파괴적인 행동이라는 거. 특히 오각형은 이러한 일 중독에 빠지기 쉽습니다. 왜 그럴까요?

오각형 : 제가 일 중독자가 되는 이유가 있을까요? 저는 주변에서 성실하고 책임감이 강하다는 평가를 받는 편입니다.

지오피어 : 성실함과 책임감은 양날의 칼입니다. 성실하고 책임감이

강하기 때문에 일 중독에 빠지는 것이라고 할 수 있죠. 게으르고 무책임한 사람들이 일 중독에 빠질 수 있겠습니까?

오각형 : 그건 그렇죠. 할 일을 안 하고 빈둥거리는 사람들을 조직에 그대로 두고 있는 걸 보면 정말 참을 수가 없습니다. 그래서 저는 자신이 일한 만큼 반드시 보상받을 수 있는 시스템이 중요하다고 생각합니다. 때로는 제안을 하고, 때로는 직접 행동에 나서기도 합니다.

지오피어 : 네, 오각형의 사람들은 소심함과 대범함을 동시에 지닌 사람들입니다. 이는 비유하자면 마치 다이아몬드와 같죠.

오각형 : 제가 다이아몬드처럼 멋진 사람이라니 기분이 좋은데요.

지오피어 : 천연 다이아몬드는 엄청난 지구의 열과 압력에 의해 탄소의 분자구조가 변형되어 나타나게 되는 광물입니다. 굉장히 단단한 보석으로도 널리 알려져 있죠.

오각형 : 진짜 다이아몬드는 망치로 내리쳐도 깨지지 않는다던데 사실인가요?

지오피어 : 그건 아니죠. 거짓말입니다. 다이아몬드가 변하지 않는 약속이란 말도 그저 마케팅 문구에 지나지 않습니다. 오각형들이 다이아몬드와 비슷하다는 이야기는 오각형은 겉으로는 강해 보이지만 속으로는 언제든 부서지기 쉬운 성격을 동시에 가지고 있다는 뜻입니다. 말하자면 오각형은 분석적인 성격 탓에 본인의 문제점을 본인 스스로 가장 잘 알고 있습니다. 그래서 항상 본인을 믿지 못하고, 자신의 문제에 정면으로 다가서는 걸 두려워합니다. 겉으로 강하고 완벽하게 보이기 위해 시선을 다른 곳으로 돌려버리는 방법을 택하는 것입니다. 바로 그게 당신에겐 '일'인 것입니다. 일에만 눈을 집중하고 있으면 좋은 일만 생

길 것이고, 불행한 일은 절대 일어나지 않을 거로 생각하는 거죠, 말하자면 선택적인 자존감을 가지고 있는 겁니다. 완벽한 다이아몬드 같은 자신의 모습만 보고 싶은 겁니다.

오각형 : 이해가 될 것도 같습니다. 제가 봐도 어느 날은 자존감이 하늘을 찌르다가, 어느 날은 바닥을 칩니다. 제 자존감은 늘 오락가락하는 것 같습니다. 그네 뛰듯 하는 기분을 조절할 수가 없을 때가 많습니다.

지오피어 : 감정 조절이 잘 안 된다는 말씀은 자신을 버티는 자아가 허약하다는 겁니다. 기본적인 오각형을 생각해 보세요. 사각형 위에 삼각형이 얹혀 있는 모습이 오각형입니다. 내향적 성향이 강하고, 정해놓은 틀을 벗어나지 않으려는 사각형의 성격과 대범하고 도전적인 삼각형의 성격이 복합적으로 존재하거든요.

오각형 : 그게 좋은 건지 나쁜 건지 모르겠군요.

지오피어 : 어떤 성격이 무조건 좋고, 어떤 성격은 무조건 나쁘다고 말할 수는 없습니다. 적절하고 유용하거나 반대로 부적절하고 쓸모없다는 판단은 가능하겠죠. 그것도 아주 고정된 기준 같은 건 없습니다. 어떤 사람이 몸을 비비 꼬며 괴롭게 걸어오는 걸 보며 앉아 있던 여러 의사가 진단합니다. 위염, 맹장염, 대사증후군 등 진단이 각기 다릅니다. 그런데 가까이 온 사람이 묻습니다. '화장실이 어디에 있어요?'라고. 그는 그저 용변이 급했던 사람일 뿐이었습니다. 이처럼 덮어놓고 이렇다, 이것만이 옳다, 이래야만 한다는 건 있을 수 없습니다. 의사들의 진단이 조심스러워야 하듯 도덕적 혹은 윤리적 처방도 위험합니다. 특히 사람의 인격과 행위에 대해서는 더욱더 그렇습니다. 제가 말씀드리는 것은 어떤 경향, 흐름, 확률적인 모습을 이야기해드리는 것이지 결정론적인

이야기를 하는 게 아닙니다.

　오각형 : 사람에 대해 함부로 말하는 건 위험하죠. 그건 동의합니다. 저에 대해 누군가 나서서 사람이 이렇게 하면 안 되는 법이라든가, 같이 일하는 사람을 잘 이해하고 보살펴주라든가 그런 말을 하면 딱 질색이죠. 몰라서 못 하는 게 아니라 알면서도 못하는 걸 가지고 그런 말을 하면 정말 난처해집니다.

　지오피어 : 다이아몬드가 세상에서 제일 단단한 광물이라고 하는데 이 다이아몬드를 다듬어서 깎아낼 수 있는 건 뭘까요?

　오각형 : 글쎄요. 뭐로 다듬죠?

　지오피어 : 다이아몬드 세공업자들도 이 문제를 오랫동안 고심했던 모양입니다. 그래서 많은 시행착오를 거쳐서 찾아낸 게…….

　오각형 : 잠깐…. 알겠습니다. 다이아몬드를 다듬는 건 다이아몬드로…?

　지오피어 : 네, 역시 놀라운 순발력이시군요. 퀴즈 대회 같은 곳에 나가시면 틀림없이 우승하실 겁니다.

　오각형 : 사실, 컨디션만 좋으면 어떤 때는 1분 전까지도 전혀 생각하지 못한 걸 말하고 있는 내가 놀랄 때가 있습니다. 그리고 내가 어떻게 이런 생각을 했을까 혼자 감탄하는 거죠.

　지오피어 : 그러다가 정반대로…….

　오각형 : 네, 그런 기분이 오래가지는 않아요.

　지오피어 : 지금도 그런 기분이셨죠?

　오각형 : 솔직히 말하면 약간….

　지오피어 : 그렇군요. 다이아몬드를 깎아낼 수 있는 건 다이아몬드밖

에 없다는 걸 직관적으로 아셨습니다.

오각형 : 그러니까 비유하자면 만일 제 자신이 다이아몬드라면 저를 다듬어 모양을 만들어내는 건 바로 자기 자신이라는 말이…….

지오피어 : 그건…. 절반은 맞고 절반은 아니죠. 다이아몬드는 다른 다이아몬드를 만나야 다듬어진다는 말이기도 하죠. 바로 그래서 스트레스가 생기는 겁니다. 다이아몬드 스트레스라고 불러도 되겠네요.

오각형 : 그러니까 저 같은 다이아몬드를 하나 이상 더 만나야 한다는 말씀이죠.

지오피어 : 비유하자면 그렇습니다. 그런데 누가 더 많이 깎여 나갈지는 저도 모릅니다.

오각형 : 음……. 그건 묘하게 스트레스 받는 말씀이군요.

지오피어 : 오각형님은 기질상 그런 외적, 내적 스트레스가 심한 분입니다.

오각형 : 제가 저를 깎아내려 하는군요. 완벽하게.

지오피어 : 그렇습니다. 오각형님은 해결책을 스스로 잘 알고 계시군요. 다이아몬드 이야기를 좀 더 해볼까요?

오각형 : 네. 더 듣고 싶습니다.

지오피어 : 다이아몬드 가공업자들은 다이아몬드가 가장 광채를 내는 각도, 이걸 소위 액설런트 컷이라고 하는데 이걸 찾아내기 위해 엄청난 공력을 들였던 모양입니다. 그리고 드디어 40.75도라는 각도를 찾아냈습니다. 이 공학적 펙트 인간에게 옮겨볼까요? 인간에게 과연 이런 액설런트 컷의 각도라는 게 존재할까요?

오각형 : 완벽한 인간이라…. 그런 사람이 과연 있을까요?

지오피어 : 아니, 거기서 딱 한 걸음만 더 나아가죠.

오각형 : 말씀해 주세요. 흥미 있는데요.

지오피어 : 오각형님은 쉬지 않고 자신이 가치 있는 사람임을 알리고 싶어 합니다. 주위 사람들에게 찬란한 빛을 발한다고, 그런 존재임을 인정받고 싶어 합니다. 사실은 그래봐야 그건 그냥 반사광일 뿐 다이아몬드 자신의 본질에서 우러나오는 빛은 아닙니다. 달빛이 아무리 밝아도 햇빛을 반사한 것에 불과하듯 말입니다. 당신이 다이아몬드이고 액셀런트 컷으로 잘 다듬어져 있다 해도 그 빛으로 어둠 속을 몇 미터나 걷겠습니까? 새까만 석탄 한 덩이가 제 몸을 사르며 만들어내는 불꽃보다 밝을 수 없는 겁니다. 석탄이 있어야 다이아몬드가 있는 겁니다. 정확히 말하면 흑연이 변한 게 다이아몬드라는 거…. 그건 너무 잘 아시는 이야기일 테고. 그러니 오각형님이 다이아몬드라면 많은 사람을 만나고, 많은 시행착오를 겪어 보십시오. 분석이나 예측 가능한 환경이 아닌, 의외성에서도 많은 것을 깨달으실 수 있을 겁니다. 공학적으로 정해진 액설런트 컷이 아니라 자신을 가장 빛나게 하는 액설런트 컷을 찾아낼 수 있을 겁니다. 과학을 비롯해 우리 사회를 바꿔놓은 놀라운 발견들은 수많은 시행착오와 동시에 우연한 기회로 찾아왔답니다. 오늘 상담은 여기까지 마무리하지요.

오각형 : 알겠습니다. 감사합니다. 어떻게 해야 진정한 액설런트 컷을 찾을지를 고민해보겠습니다.

상담실에 찾아온 도형들

- 육각형의 이야기 : 친절하고 원만한 현실주의자

지오피어 : 지오피아성격상담·코칭센터입니다. 환영합니다. 어서 오세요.

육각형 : 고민이 있는데 좀 견디기 힘들어서 왔어요.

지오피어 : 어떤 고민인가요?

육각형 : 최근에 회사에서 도형들끼리 서로 감정싸움을 하는 일이 많아서 제가 중간에서 중재해주느라 아주 골치가 아파요.

지오피어 : 평소에도 주변 사람들 간의 오해를 풀어주는 역할을 많이 하시죠?

육각형 : 네, 그렇습니다. 저는 일을 할 때 가장 중요한 건 현실적 문제라고 생각해요. 말하자면 회사 사원들은 일벌과 같은 것이거든요. 일벌들끼리 서로 싸우면 과연 뭔가 얻을 수 있는 게 있는 걸까요? 저는 그저 원만하게 일이 해결되기만 바랄 뿐인데 그게 잘 안 됩니다.

지오피어 : 마침 일벌 이야기를 해주셨는데, 벌집의 모양이 정육각형

으로 이뤄져 있는 건 아시죠? 그런데 왜 하필 정육각형으로 이뤄져 있는지 아시나요?

육각형 : 대강 조금…. 아뇨, 자세한 이유는 모르겠습니다. 어떤 이유가 있는 건가요?

지오피어 : 벌집의 정육각형은 최소의 재료를 가지고 가장 튼튼하고 효율적인 용기用器를 만들고자 한 결과입니다. 원은 최소의 길이로 최대의 면적을 만들 수 있는 도형이지만, 원을 서로 이어 붙이면 그 사이에 빈틈이 생겨나죠. 반면에 육각형은 빈틈없이 평면을 완벽하게 덮을 수 있는 도형입니다. 벌들은 그 놀라운 사실을 터득한 것입니다.

지오피어 : 이런 벌집처럼 육각형의 성격을 가진 분들은 대단히 안정적인 성격을 가지고 있습니다. 벌집이 그렇듯 여간해서는 무너지지 않죠. 협상가나, 전략가들이 육각형 성격이라고 하면 잘 어울리는 비유가 될 것 같습니다. 문제는 우리가 살아가는 정글 같은 세상에서 때로 이런 육각형의 성격은 세상과 등을 지게 되거나 버림받게 되는 원인이 될수도 있습니다. 대표적 현실주의자로 언급되는 마키아벨리라는 사람을 아시죠?

육각형 : 마키아벨리는 이탈리아 정치가였죠. 아주 영리하고 치밀한…….

지오피어 : 마키아벨리에 대해 이야기해 볼게요. 그는 이른바 '마키아벨리즘'이라고 부르는 자신의 정치 이론을 주장했지만, 이는 받아들여지지 못했죠. 왜 그랬을까요?

육각형 : 저도 그 사람의 책을 관심 있게 읽어 본 적이 있는데, 좀 이해가 안 가는 부분이 있었어요. 전 병력의 2/3를 로마 군단처럼 칼과 방패

로 무장 시켜야 한다고 주장하더라고요. 그런데 이미 그 무렵에는 창과 검이 아니라 파이크와 화승총 등 원거리 전투로 전쟁 양상이 변하고 있었거든요.

지오피어 : 맞습니다. 그런 문제점을 지적하시는 걸 보니 역시 현실 감각이 놀랍습니다. 바로 여기서 마키아벨리의 현실적인 한계가 드러납니다. 과연 도대체 '현실'이라는 걸 무엇으로 볼 것인가 그게 문제란 말이죠. 벌집이 강하고 효율적이긴 하지만 포악하고 잔인한 말벌이라는 존재 앞에서는 매우 취약합니다. 말벌도 육각형 집을 만듭니다. 마키아벨리도 마찬가지였습니다. 군사정책이나 당대 전투에 대한 그의 설명은 탁상 앞 정치 이론을 벗어나지 못했습니다. 유명한 용병대장 조반니 메디치가 그에게 병력을 주면서 지휘해보라고 기회를 주자 진땀만 흘리다가 물러 나왔다는 일화는 유명하죠. 육각형 도형들은 그래서 '현실에 안주하려 한다', '현실만 생각해서 큰 그림을 그리지 못한다.'라는 비판을 받습니다. 물론 세상에는 이론가도 있어야 하고, 그들의 이론은 이론으로서 중요하고 필요합니다. 마키아벨리가 직접 용병들을 지휘하지 못했다는 이유로 그의 정치 이론을 아무짝에도 쓸모없는 것으로 취급해 버리는 것은 당연히 문제가 있죠. 하지만 현실주의자들은 확증적 편향을 주의해야 합니다. 확증적 편향이란 자신이 믿는 것만 믿고 자신이 아는 것만 아는 것이라고 생각 하는 걸 말합니다. 자신이 안 믿는 것, 자신이 모르는 것은 인정하지 않는 독선에 빠지게 되는 겁니다. 그렇게 되면 자신의 기대 심리와 맞는 부분적 현실만을 실제 현실이라고 인식하게 됩니다. 그러니 본인이 바라보는 현실이 곧 자신의 한계에서 비롯된 것이 아닌지 주의 깊게 바라봐야 합니다.

육각형 : 혹시 저를 시스템주의자라고 생각하십니까.

지오피어 : 시스템주의자라는 말씀은 제가 육각형님을 개인보다, 전체를 중요하게 생각하는 사람으로 오해한다고 생각하시는 거죠?

육각형 : 전체가 중요하긴 하지만 저는 전체주의자는 아닙니다. 개인과 개인이 만들어 가는 커뮤니케이션으로 이어진 그런 구조 속에서 이루어지는 사회적 구조를 존중한다는 뜻입니다.

지오피어 : 음, 제가 좋은 공부를 하는 느낌입니다. 벌집 이야기를 좀 더 하죠. 벌집은 벌이 살아가기에 최적화된 시스템입니다. 그래서 어떤 벌들도 이 구조를 바꾸거나 개선하려고 하지 않습니다. 아마 벌을 둘러싼 환경이 어떻게 달라져도 벌집의 구조는 거의 변함이 없을 겁니다. 그 정도로 벌집은 완벽합니다. 그런데 바로 그게 문제입니다. 완벽한 벌집에 대한 알고리즘이 유전자에 깊이 새겨져 버린 겁니다. 더는 어떤 판단도 할 수 없도록 아주 깊이 자리 잡은 겁니다.

육각형 : 그렇게 되면 어떤 문제가 생기나요?

지오피어 : 벌집이라는 시스템이 벌이라는 생명체의 삶을 결정해 버리게 된다는 말입니다. 유전자가 시스템을 만들었지만 결국은 시스템이 유전자의 진화를 가로막게 된다는 거죠. 이제 육각형 벌집을 벗어나는 벌은 존재할 수 없게 되어버리는 겁니다.

육각형 : 아, 시스템의 유연성을 말하시는군요.

지오피어 : 그렇지요. 벌집 시스템은 완전히 고착화되고 벌은 거기에 맞춰 사는 삶이 되어버렸다는 말이죠.

육각형 : 저는 안정적인 협상가로, 종종 상대에게 하나의 시스템을 만들어 놓고 거기에 따라 행동하기를 요구하는 경우가 있는 듯하군요.

지오피어 : 네, 처음에 회사 사원들을 일벌에 비유하신 걸 들으며 살짝, 이건 아닌데, 하고 생각했습니다.

육각형 : 회사 사원들이 열심히 일하는 일벌이라는 게 이상한가요?

지오피어 : 꿀벌들은 계급사회입니다. 그것도 아주 지독한 계급사회죠. 여왕벌, 숫벌, 그리고 일벌로 이루어져 있죠. 일벌은 꿀벌 세상이라는 시스템을 유지하기 위해 태어나고 일하고 죽어가는 존재입니다. 거기엔 꿀벌 개개인에 대한 역할만 있을 뿐, 그 존재에 대한 소중함 같은 건 없거나 아주 뒷전입니다. 시스템이 살아남기만 하면 되는 거죠.

육각형 : 음, 그렇군요. 생각해 보니 회사 사원을 '일벌'이라고 하는 건 분명 적당하지 않군요. 제 말의 의도는 '일꾼'이란 말을 하고 싶었던 거라고 이해해 주시기 바랍니다. 일꾼이란 삯을 받고 일을 하는 사람이고, 그걸 아주 잘하는 사람을 뜻하기도 하죠.

지오피어 : 바꾸어 받아들이십니다. 육각형님은 함께 일하는 사원들 사이에서 일어나는 여러 문제를 조정하고 상담하는 능력이 뛰어나십니다. 어떤 조직이건 당연히 문제없는 조직은 없습니다. 사원들 때문에 머리가 아프다고 하지만 사실은 그 역할과 능력을 즐기고 계시리라 생각합니다. 그렇죠?

육각형 : 이런, 핵심을 찌르시는군요.

지오피어 : 육각형님이 시스템을 존중하되, 시스템 만능론이나 독선적인 시스템에 빠지지 않으신다면 함께 일하는 사람들의 능력을 충분히 활용하는 '작전 참모'가 되실 겁니다.

육각형 : 감사합니다.

지오피어 : 오늘 상담은 여기까지 하지요!

상담실에 찾아온 도형들

- S(곡선형)의 이야기 : 예술, 직감 지향

지오피어 : 어서 오세요.

곡선 : 고민이 있어서 왔습니다.

지오피어 : 무슨 고민이 있으신가요?

곡선 : 무엇부터 말하면 좋을까요. 전 답답한 게 가장 싫어요. 조직 생활에는 잘 어울리지 않는다고 말할 수 있겠지만요. 그래서 일부러 외근을 많이 나가는 일을 택하죠. 외근하러 간 김에 지역 맛집도 돌아다니고 나중에 개인 SNS에 글도 올리죠. 제가 음식에 좀 민감한 편이거든요.

지오피어 : 그렇군요.

곡선 : 저는 제가 독특한 인간이라고 생각해요. 늘 머릿속에 뭔가 반짝하는 아이디어가 떠오르거든요. 그래서 회사에서 제 별명은 '아이디어 생산자'입니다. 하지만 감정 기복도 그만큼 심해요. 아이디어가 반짝이는 날엔 한없이 기분이 좋다가, 아이디어가 떠오르지 않는 날엔 거의 모든 걸 다 내 눈앞에서 치워버리고 싶거든요.

지오피어 : 질문하나 해도 될까요?

곡선 : 무슨 질문이든 환영합니다.

지오피어 : 아이디어가 떠오르지 않을 때 찾아오는 엄청난 스트레스를 어떻게 해소하십니까.

곡선 : 종이에 낙서를 하기도 하고, 산책도 하고, 어떤 때는 종일 그냥 퍼질러 누워있기도 하고….

지오피어 : 술을 마시거나 노름을 하거나?

곡선 : 그런 짓은 안 합니다. 별로 도움이 안 될 것 같아서.

지오피어 : 그건 잘하셨습니다. 재미있는 이야기를 하나 들려드리죠. 멍게 아시죠?

곡선 : 먹는 멍게 말입니까?

지오피어 : 네, 맞습니다. 바닷가나 수산시장에서 파는 그 멍게 말입니다. 멍게는 유생 때 바닷속을 이리저리 떠돌아다니다가 어느 정도 자라면 한 곳에 딱 붙어 자랍니다. 우리가 아는 멍게가 되는 거죠. 그런데 한곳에 붙어 지내면 그냥 소화와 배설만 하는 기능이 있으면 됩니다. 그래서 멍게는 유생 때 필요했던 자신의 뇌를 먹어버린다는 겁니다. 즉 뇌가 필요 없다고 생각하고, 뇌를 내장으로 밀어서 소화해 버린다는 겁니다.

곡선 : 그러면 멍게는 뇌가 없는 겁니까?

지오피어 : 우리가 아는 멍게는 그렇답니다.

곡선 : 뇌가 없으면 죽은 거 아닙니까. 무뇌아無腦兒라는 욕이 있긴 한데 멍게는 정말 무뇌아군요. 그런데도 잘도 살아 있는 겁니까. 그런데…. 그 이야기하고 저하고 무슨 상관이 있습니까.

지오피어 : 혹시 지금 이런 생각을 하고 계시지는 않습니까. 돈만 벌면 정말 내가 하고 싶지 않은 지금의 일 같은 건 때려치우고 온종일 하고 싶은 일만 하면서 놀고 싶다는 그런 생각?

곡선 : 그런 생각은 누구나 하는 거 아닌가요.

지오피어 : 정도의 차이는 있지만, 누구든지 해보는 생각이긴 하죠. 다만 곡선형들은 예술적 재능이 많고 감수성이 예민합니다. 또한, 직관에 의존하는 편이어서 이거다 싶으면 주저 없이 시작하는 경우가 많은 편입니다. 그래서 현실을 넘어서는 몽상적 경향이 강하기도 하고요.

곡선 : 칭찬인지 흉을 보시는 건지…….

지오피어 : 본론부터 말씀드리자면 곡선형들은 자칫하면 마치 멍게처럼 변할 가능성이 있습니다.

곡선 : 제가 뇌 없는 멍게처럼 된다고요?

지오피어 : 예술적 감각이 풍부한 사람에게 위험한 것은 지나친 자기애, 과도하게 자신을 사랑하는 기질입니다. 남의 말을 듣는 동안에도 상대방의 옷차림이 너무 안 어울린다든가 저 사람이 오늘 아침에는 무엇을 먹고 왔을까 그런 쓸데없는 생각을 하죠. 그래서 친구들이나, 동료들, 심지어 상관에게 가끔 '정신 나간 사람'이란 소리를 들은 적도 있죠?

곡선 : 네, 맞습니다. 바로 그래서 저는 조직에, 단체 생활에 잘 어울리지 않는다고 생각합니다.

지오피어 : 바로 그래서 방금 하신 말처럼, 멍게처럼 변할 가능성이 있다는 겁니다. 본인의 느낌에 맞춰서 '나는 조직 생활에 어울리지 않아'라는 생각을 하고, 거기에 맞춰서 사는 방식을 정해버린다는 이야기죠. 어디서나 자기에게 맞는 환경을 만들기 위해서 화살처럼 싸우는 스타일

인 삼각형과는 달리 곡선형들은 맞는 환경이 어딘가에 있을 거로 생각하며 이곳저곳을 방황하듯 찾아다닙니다. 그리고 만약에 그런 환경을 찾았다면, 필요 없다고 생각하는 기능은 완전히 스스로 퇴화시켜버리는 겁니다.

곡선 : 지나친 자기애는 현실 도피로 이어질 수 있으니 조심하라는 뜻이군요.

지오피어 : 그렇습니다. 맞습니다. 자유로운 영혼인 당신은 아마도 네모형 인간을 이해하기 가장 어려울 겁니다. 그러나 당신에게 가장 도움이 되는 인간은 그런 네모형입니다. 쉽게 낙심하고 결정을 내리지 못하는, 때로는 실패한 당신을 다독이며 힘을 주는 원형도 훌륭한 조언자가 될 겁니다.

곡선 : 저와 같은 에스형의 친구를 만나면 어떨까요.

지오피어 : 서로에 대한 호기심이 곧 사라지면 최악이 될 수 있죠. 서로를 증오하게 되고 실망할 가능성이 크죠. 물론 적당히 거리를 두고 사생활을 존중한다면 좋은 친구가 될 수 있겠지만…. 고흐와 고갱의 만남처럼 그건 쉬운 일이 아니죠. 쇼팽과 조르쥬 상드 같다면 다행이고요. 곡선형의 창의성과 개성과 자유로움을 잘 조절한다면 누구보다 개성적이고 멋진 삶을 살아갈 수 있다고 생각합니다.

곡선 : 감사합니다.

다시 상담소를 찾은 도형들

- 네모의 두 번째 이야기

다시 GeoPiA성격상담·코칭센터의 문을 두드린 네모.

지오피어 : 어서오세요.

네모 : 아, 저번에 도움을 주셨는데 제가 그만….

지오피어 : 다시금 비슷한 실수를 되풀이하셨다고요?

네모 : 네. 어떻게 아셨지요?

지오피어 : 대부분 비슷한 과정을 겪습니다. 자신에 관해 잘 알게 되었다는 말은 바로 바꿀 수 있다는 말과 반드시 일치하지는 않습니다. 우리 모두에겐 '과정'이 필요하지요.

네모 : 위안이 되네요.

지오피어 : 어떤 점이 가장 어려웠나요?

네모 : 제가 정한 규칙에 스스로 어긋나게 행동하는 것에 대한 실망감이 가장 컸습니다. 과도하게 철저하고 안정지향적인 제 성격을 고치고자 마음먹긴 했는데, 그렇게 바꾸고자 하는 과정 자체에도 너무 완벽주

의자 기질이 나옵니다.

지오피어 : 예를 들면요?

네모 : 사람들에게 너그럽게, 융통성 있게 대해주려고 마음먹고, 체크리스트를 만들어 보았습니다. 그런데, 그 체크리스트에 나온 것을 제가 제대로 지키지 못하면 저는 자신에게 실망합니다. 제 행동을 변화시키는 게 얼마나 어려운지 계속 느끼고 있거든요.

지오피어 : 변화는 누구에게나 쉽지 않은 일입니다. 하지만 네모님은 최선을 다하고 계시군요. 혹시 다른 사람들과의 관계는 어떠한지 알려주실 수 있나요?

네모 : 전보다는 더 주변 사람들을 잘 이해하게 되었습니다. 하지만, 그래도 여전히 그들이 규칙을 잘 지켜야 한다고 생각을 하게 됩니다.

지오피어 : 어떤 규칙을 말씀하시는 것인지요?

네모 : 계획하고 진행해서 업무 성과를 높이는 것과, 근무시간엔 최선을 다해서 일하는 것과, 회의에서 한번 정한 것은 자꾸 바꾸려 하지 않는 것 등…. 전 크게 변하지는 않은 것 같아요.

지오피어 : 방금 말씀하신 것은 직장 생활을 하면서 꼭 필요한 것이긴 해요. 그런데, 네모님은 그런 규칙들을 완화하고 싶으신 건가요?

네모 : 물론 직장 생활을 하면서 이 정도 규칙은 지켜주는 것이 좋지요. 그런데 저는 그들이 규칙을 지키지 않는 것을 일상사로 받아들이지 못하고 거대한 스트레스로 받아들이고 있어요. 그 스트레스가 너무 큽니다. 모든 것이 너무 돌발적이라는 느낌이 들어요.

지오피어 : 자신이 네모유형이라는 것을 잘 알고 노력했지만, 그런데도 사람들이 규칙을 지키지 않는 것에 대해 스트레스를 줄이기가 어렵

다는 말씀이군요.

네모 : 네 맞아요. 게다가 제가 너그러워지려고 하니, 그걸 이용해서 과도하게 규칙을 어기는 사람까지 나왔습니다. 제가 관대해지려고 결심한 것을 이용, 교묘하게 저를 속여서 직장에서 다른 사람보다 더 편하게 지내려는 사람까지 나왔어요. 이 사람 저 사람 돌출 행동도 전보다 더 많아졌습니다. 전 이런 상황이 너무나 견디기 어렵습니다.

지오피어 : 그건 성향의 문제가 아니라, 다른 문제입니다. 속임수는 성향이 아니에요. 거기에는 정확하게 대처하는 것이 맞을 듯합니다. 하지만, 돌출 행동에 대해서는 면역력을 기르시는 것이 좋겠습니다. 인생이 항상 계획대로만 이루어지면 얼마나 살기 편하겠어요.

네모 : 그 면역력을 어떻게 기르나요?

지오피어 : 인생에선 예기치 못한 일들이 종종 있어요. 바로 지금처럼요. 돌발 상황에 대처하고 인내하고 유연성을 가지려는 당신의 노력 자체가 백신과 같은 역할을 해줄 것입니다. 네모님이 명심해야 할 것은, 완벽주의 성향에서 벗어나고자 하는 자신의 노력과 과정이, 결코 자신의 계획대로만 이루어지지는 않는다는 사실입니다. 그런데도 그것을 조금은 완화하고, 개선해야겠다는 의지가 있으면 분명 좋은 결과가 있을 것입니다. 완벽해지고자 하는 약점은 반대로 일 처리를 정확하게 잘할 수 있는 탁월한 강점이라는 사실을 잊지 마시고 자신을 가져보세요!

네모 : 네. 꾸준히, 지속적으로 노력해 보겠습니다.

네모형을 위한 성격코칭포인트

- 나는 다른 사람들에게 어떤 사람일까요?
- 규칙을 지키지 않으면 어떻게 될까요?
- 무계획적인 사람들을 보면 어떤 생각이 드나요?
- 자신이 조금 덜 해야 하는 점이 있다면 무엇일까요?
- 이제부터 가장 먼저 무엇을 해보시겠습니까?

다시 상담소를 찾은 도형들

- 세모의 두 번째 이야기

세모 : 또 뵙네요. 얼마나 비능률적인 일인지 모르겠어요.

지오피어 : 왜 비능률적인 일이지요?

세모 : 상담도 한번 딱 받으면 변화가 조금이라도 있어야 하는데 그러질 못하고 또 와서 시간을 낭비하니까요.

지오피어 : 한번에 변할 수 있는 사람은 많지 않습니다. 상담을 통해 사람은 조금씩 성장하는 것이지, 새롭게 조립해서 새로운 물건으로 바뀌는 것이 아니거든요. 여기에 와서, 전보다 조금이라도 더 성장한다면 낭비는 아니지요.

세모 : 그렇긴 하네요.

지오피어 : 성장하는 시간은 결코 손해가 아니겠지요. 가장 중요한 시간일수도 있습니다.

세모 : 제 문제는 단순합니다. 목표중심적이고 참모들의 의견에 귀를 기울이지 않는 성격이 고민이었는데요, 상담 후에도 좀처럼 고쳐지지

않고 있어요. 심지어 제가 남들의 의견을 더 잘 듣기 위해 다양한 통로를 마련해 보았는데 거기서 들리는 의견조차 무시하고 말았지요. 저는 여전히 목표지향적이고, 그 목적지로 가는 동안 사람들의 감정이나 여러 의견에 신경을 쓰지 않고 있습니다.

지오피어 : 그러면, 전과 달라진 점이 전혀 없나요? 다른 사람들이나, 세모님이 처한 상황을 바라보는 눈도요?

세모 : 그렇지는 않아요. 전에는 남들이 너무나 일을 못해서 제가 그 의견에 귀를 기울이지 않는다고 생각했었는데, 이제는 제가 독선적인 성격을 갖고 있다는 사실을 알아요. 그래서 전보다는 조금 더 신중하게 들어요. 내 성격을 알고 있으니까요. 그리고 전보다는 다양한 의견도 있을 수 있다는 생각이 들어요. 틀린 게 아니라 다른 것이라는 생각도 들고요. 그래 봤자 결론은 같지만.

지오피어 : 그랬군요. 전보다 조금은 더 남의 의견에 귀를 기울일 준비가 되셨군요. 다른 사람들에게 더 많은 관심도 생겼고요.

세모 : 네. 그건 성과라면 성과예요.

지오피어 : 그러나, 아직 완전하진 않다는 뜻이지요?

세모 : 충분하진 않아요.

지오피어 : 태도의 변화는 단번에 달성되는 업적 같은 것이 아닙니다. 조금씩 더 높은 목표를 설정해서, 조금씩 더 나아지는, 이를테면 등산에 가깝습니다. 조급하게 생각하지 마시고, 천천히 가던 길로 계속 걸어가세요. 그러면 당신이 원하던 길로 차츰 가고 있겠지요.

세모 : 그 과정 자체가 제겐 중요하겠군요!

지오피어 : 역시 빠르게 깨닫는군요. 당신은 당신이 가진 역량을 사용

하면, 충분히 성공할 수 있을 것입니다. 그러나 그 긴 길을 가는 동안 건강도 꼭 챙기시고요. 주변을 둘러보시면서 당신의 삶을 더 누리세요. 더 행복하게 그 길을 갈 수 있을 겁니다.

세모 : 좋아요. 멋져요. 행복을 배우겠습니다.

세모를 위한 성격코칭포인트

- 다른 사람들은 나를 어떤 사람이라고 생각하나요?
- 무엇을 위해 일하고 있습니까?
- 그 목표가 이루어졌을 때 어떤 느낌이 들까요?
- 그 목표가 이루어지면 다른 사람도 행복한가요?
- 지금 그 일을 하지 않으면 어떻게 될까요?
- 당신이 지금 하던 일을 멈추고 휴식을 취하면 어떻게 될까요?
- 이제부터 가장 먼저 무엇을 해보시겠습니까?

다시 상담소를 찾은 도형들

- 원형의 두 번째 이야기

원형 : 안녕하세요? 그동안 잘 계셨나요? 또 뵈니 반갑네요.

지오피어 : 어서오세요. 원형님이 오자마자 사무실이 더 환해지는 느낌이네요.

원형 : 감사해요! 지오피어님에게 또다시 상담을 받으려고 왔어요. 지난번에 도와주셔서 저도 '진짜 친구'를 찾아가고 있어요. 네모나 세모와도 잘 지내고 있지요. 하지만….

지오피어 : 하지만?

원형 : 역시, 네모만큼 일을 정확하게 하고 주변 정리를 잘 하지도, 세모만큼 추진력을 가지고 일하지도 못해요. 사람들과 좀 더 친해지고, 제 자신은 제자리걸음을 하는 것 같아요. 제가 주변 사람들을 감싸주고 맞춰주는 덕에 다른 사람들은 편해졌는데, 전 부담만 늘고 발전이 없는 느낌입니다.

지오피어 : 남을 돕는 일이 손해처럼 느껴지시나요?

원형 : 아니요. 전혀 그렇지는 않아요. 남을 도울수록 저도 나름 행복해지는 것을 느꼈어요. 하지만 사람은 돕기만 하고 살 순 없잖아요. 저도 발전을 해야지요. 일에 성과를 내고 싶어요. 제가 도와주어서 소통이 더 잘되고, 성과를 내는 다른 사람들처럼요!

지오피어 : 원형님이 발전하지 못한 가장 큰 원인이 무엇일까요?

원형 : 아무래도 그건, 제가 정리를 여전히 잘 못하고 한 가지 일에 집중도 잘 안 되고, 효율도 오르지 않아요. 다른 사람들이 퇴근한 후에 일하는 것은 그만두었는데, 그렇다고 근무시간에 더 집중적으로 일을 하지도 않는 저 자신을 발견하고 있습니다.

지오피어 : 지난번에도 말씀드렸듯이, 사람이 자신의 오래된 행동과 습관을 바꾸기란 쉽지 않아요. 원형님 역시 그런 것이지요. 차림새는 바꾸어 보셨나요?

원형 : 그런 것은 제 전문이죠. 지금도 전과 좀 달라 보이지 않나요?

지오피어 : 전보다 더 자유분방하고 편안하게 입으셨네요.

원형 : 그렇게 보이나요?

지오피어 : 원형님도 잘 아실 텐데요.

원형 : 맞아요. 전 이렇게 물러 터졌네요. 품격이 있는 옷을 구입한다는 게, 그만 예전부터 꼭 입고 싶었던 비싼 옷을 구매하고야 말았어요.

지오피어 : 입고 싶은 옷이 아니라 입어야 하는 옷을 소화해내는 게 지금은 원형님의 목표가 되어야 겠지요.

원형 : 네. 맞아요. 제게 필요한 것은 더 분명한 목표겠지요. 더 노력해 볼게요. 저는 제 목표를 달성하기 전까지는, 다른 사람들보다 조금 더 자주 지오피어님을 찾아올수도 있어요. 하지만 계속 기대해주세요!

지오피어 : 얼마든지요!

원형을 위한 성격코칭 포인트

- 다른 사람들에게 나는 어떤 사람이길 원하나요?

- 내가 좋아하는 사람들은 어떤 사람들인가요?

- 내가 혼자 있다면 어떤 느낌이 들까요?

- 시작한 일을 마무리 하기 위해 어떻게 해야 할까요?

- 가장 먼저 무엇을 해보시겠습니까?

다시 상담소를 찾은 도형들

- 오각형의 두 번째 이야기

지오피어 : 안색이 조금은 나아졌네요. 그동안 어떻게 지내셨어요?

오각형 : 일 중독에서 조금은 자유로워졌어요. 그러니까 원기도 많이 회복되고, 의욕도 더 많이 생기고 건강도 좋아졌지요.

지오피어 : 좋은 일이군요!

오각형 : 여기까지는요. 하지만 또 다른 문제에 봉착했습니다.

지오피어 : 어떤 문제인가요?

오각형 : 컨디션이 좋아지면 좋아질수록, 이 좋은 상태를 이용해서 일을 더 많이 해야겠다는 생각이 들어요.

지오피어 : 중독의 부작용을 겪으셨는데도요.

오각형 : 문제는, 이런 식의 휴식이 일하는 것보다 생산성이 더 적은 일이라는 생각이 자꾸만 드는 것입니다. 게다가 요즘 사회생활이 쉽지가 않잖아요. 제 일을 더 잘하려면, 마냥 제 컨디션만 챙길 수는 없지요. 제 일을 완벽하게, 멋지게 잘 해내야 하잖아요. 여유를 가지고 취미생활

을 하면서 새 인맥도 생기고, 제 작업에 관한 영감도 많이 얻었어요. 건강도 얻고, 영감도 얻고, 새로운 인맥도 생겼는데 이걸 그냥 썩히긴 아깝잖아요. 생산성이 있어야 보람도 있지요. 무엇보다, 전에 열심히 쌓아두었던 제 직업적 명성이 혹시라도 평범해질까봐 두려워요. 더 멋지게 일을 할 수 있을 때 일을 해야지요.

지오피어 : 그렇게 일로 다시 돌아가면, 전보다 절제를 더 잘 할 수 있을까요?

오각형 : 그러려고 노력은 해야 겠지요. 하지만 아무래도 전 일하는 것을 좋아해요. 그리고 생산적인 일을 성실하게 하는 게 정말 좋습니다.

지오피어 : 오각형님의 건강은 생산적인 영역이 아니라고 생각하는 것인가요?

오각형 : 아, 그건 대답하기가 어렵네요. 건강이 굉장히 중요하긴 하지만, 그것 자체로는 무엇을 할 수가 없잖아요.

지오피어 : 건강을 잃으면 다 잃는다는 것 정도는 알고 계시지요? 여태 쌓아 올린 업적을, 아무 잘못도 실수도 하지 않았는데 다 잃어버릴수도 있고요, 혹은 전보다 일을 더 잘하지 못하는 상태가 될수도 있어요.

오각형 : 아! 그렇기는 하지요. 건강은 반드시 유지하도록 노력해야겠어요.

지오피어 : 건강뿐 아니에요. 삶의 다른 영역도 직업적인 생산성과 연관을 지을 수 없는, 그러나 중요한 영역이 있습니다. 정신적인 영역도 그중의 하나이지요. 현대인은 지친 마음을 가꾸고, 달래며 살아야 해요. 나를 행복하게 만들어 주어야 합니다.

오각형 : 행복해지면 일을 더 잘할 수 있을까요?

지오피어 : 행복과 일이 연관성이 있는지, 없는지를 말씀드리는 것이 아닙니다. 오각형님의 인생에서 일이 이렇게 중요한 순간은 얼마나 될 까요? 성장하면서 이렇게 중요했나요? 어릴 때는 일을 하지도 않았었지 요. 신입사원 때도 이렇게 중요했었나요? 일을 배우는 것이 중요했겠지 요. 그러면, 은퇴 후에도 이렇게 중요할까요? 그렇지 않겠지요. 일은 인 생에서 굉장히 중요한 요소이지만, 그게 전부는 아니예요. 하지만 지금 오각형님은 그걸 이해하기 어려우신가봐요. 그러면 이러면 어떨까요? 행복하면 일을 더 잘 할 수 있게 되니 일보다 행복할 수 있는 방법을 찾 는 일에 더 집중해보면 어떨까요?

오각형 : 그렇네요. 일은 행복의 일부일 뿐이네요.

지오피어 : 나 자신을 계속 다독여야 합니다. 일이 나 자신보다 더 중 요하진 않아요. 결국, 일도 내 삶의 일부이니 성실하게 최선을 다해야하 지만, 그것이 내 인생이나 내 가치보다 더 중요하진 않아요. 일은 변하 기도, 흔들리기도, 잃어버리기도 쉽지만, 인생은 당신에게 영원히 남아 있을 거예요. 당신 자신이 언제나 가장 먼저입니다.

오각형 : 제가 가까스로 얻은 건강과 좋은 컨디션을 일에 쏟아부으려 고 했던 것은 굉장히 멍청한 시도였을 수 있겠네요. 조금은 이해가 됩니 다. 설마 앞으로도 이런 멍청한 시도를 이것저것 하게 될까 봐 걱정이 앞서네요.

지오피어 : 조금씩 시행착오를 겪으면서 점점 더 온전해질 거예요. 걱 정 마세요.

오각형을 위한 성격코칭 포인트

- 자신의 가장 탁월한 장점은 무엇이라고 생각하나요?

- 그 장점을 활용하여 무엇을 이룰 수 있을까요?

- 지금 당장 여행을 떠난다면 어떤 일이 생길까요?

- 자신이 지나치다고 생각되는 점은 무엇인가요?

- 유연한 사람이 가지고 있는 장점은 무엇일까요?

- 이제부터 가장 먼저 무엇을 해보시겠습니까?

다시 상담소를 찾은 도형들

- 육각형의 두 번째 이야기

육각형 : 안녕하세요? 오늘은 제 남동생 때문에 찾아왔어요.

지오피어 : 남동생에게 무슨 일이 생겼나요?

육각형 : 무슨 일이 생겨야 하는데 안 생겨요. 무슨 뜻이냐면, 현실적으로 직업을 선택해야 할 나이인데, 그런 직업 싫다면서 자기가 하고 싶은 일만 하고 싶다고 해요. 자기가 하고 싶은 일만 하고 사는 사람이 몇이나 되겠어요? 동생이 나이도 있고 하니, 적절한 직업을 찾았으면 좋겠어요. 동생을 도와주고 싶은데 고집만 부려요.

지오피어 : 동생이 선택한 직업이 마음에 들지 않으셨나봐요. 비현실적이라고 판단하셨나 봅니다.

육각형 : 네. 게다가 아직은 사회에서 그다지 인정받는 직업도 아니에요. 저도 과도한 현실주의를 벗어나려고 노력은 하지만, 현실은 현실이잖아요. 사람들 사이에서 적당히 인정받는 직업을 가지고 만족해가면서 살아야지, 어린 아이도 아니고 자꾸만 자기가 하고 싶은 일만 하려고

해서 걱정입니다. 그 하고 싶다는 일도 허황된 것들뿐이라서 더 걱정입니다.

지오피어 : 차분히 상대방의 이야기를 잘 들어주고 상담해 줄 수 있는 육각형님인데 동생은 설득이 잘 안 되나요?

육각형 : 제 동생은, 제가 설득할 수 없는, 지구상에 유일한 존재에요. 제가 말하면 언제나 반대로 말하거든요.

지오피어 : 육각형님은 동생의 꿈이 왜 허황되다고 생각하시나요? 동생이 재능이 없는 분야인가요?

육각형 : 아니에요. 오히려 그 반대예요. 하지만 아무리 잘해도, 평생 가난하게 살수도 있는 직업이에요. 아주 극소수의 사람만 운 좋게 성공하는 직업이지요. 동생은 그렇게 어릴 때부터 제 멋대로였어요. 이번에도 마찬가지네요.

지오피어 : 어릴 적부터 동생과 잘 안 맞으셨어요?

육각형 : 네. 그랬죠. 저는 지난번 상담 이후, 회사에서 필요하다 싶은 일에는 소신껏 주장이나 의견도 제시하려고 노력하고 있습니다. 하지만 가족 간의 문제에서는 잘 조절이 되지 않고 있어요. 왜냐면, 동생이 정말 잘못하고 있거든요.

지오피어 : 육각형님은 동생에 대한 사랑과 관심이 굉장히 크시군요! 동생의 인생에서 가장 중요한 직업을 선택하는 일에 있어서 도움을 주고자 하는 육각형님의 동생 사랑은 충분히 이해가 가지만, 동생의 입장에서 한 번만 역할을 바꾸어 생각해 보시면 어떨까요? 왜냐면, 자신을 위한 고민은 다른 사람이나 가족보다 오히려 자신이 더 많은 고민을 충분히 하고 있을 테니까요. 동생을 한번 믿어봐 주시면 어떨까요?

육각형 : 아, 그럴 수 있겠군요!

지오피어 : 회사에서 일어나는 일들은 비교적 명확하고, 해결하기 쉬운 일들이 많은 편이지요. 하지만 가족 간의 문제는 더 큰 노력이 필요할 때가 있습니다. 상담을 마치고, 자기 자신에 대해 발견했다는 것은, 전체 삶이 바뀌었다는 말과 일치하지 않을 때가 있습니다. 하지만 가족 간의 관계가 변할 때 진정으로 당신의 마음이 편안해질 거예요. 가족 간의 영역에서도 조금 더 객관적으로 노력해 보면 어떨까요?

육각형 : 이번엔 제가 설득되었네요. 가족 간의 일에서 저는 변한 것이 하나도 없었어요.

지오피어 : 힘내세요. 곧 더 진보하실 것입니다.

육각형 : 감사합니다.

육각형을 위한 성격코칭 포인트

- 자신이 가장 하고 싶은 일은 무엇인가요?
- 그 일을 하지 못하는 이유는 무엇인가요?
- 자신이 가장 하고 싶은 말이 있다면 무엇인가요?
- 그 말을 누구에게 해주고 싶은가요?
- 가장 먼저 무엇을 해보시겠습니까?

다시 상담소를 찾은 도형들

- 곡선의 두 번째 이야기

곡선 : 안녕하세요?

지오피어 : 오랜만에 뵙네요.

곡선 : 지난번 상담 덕에 제 삶이 많이 달라졌어요. 먼저, 회사 일에 대한 태도가 달라졌어요. 억지로 하는 일이 아니라 그 안에서 의미를 찾으려 노력하고, 조금은 찾게 되었죠.

지오피어 : 아하, 잘되었네요.

곡선 : 그리고 회사에서 주변 사람들을 도형으로 생각해 보았어요. 그렇게 나쁜 사람들도, 답답한 사람들도 아닐 수 있다는 생각이 들었어요.

지오피어 : 사람들을 이해하기 시작하셨군요.

곡선 : 네. 맞아요. 다른 사람들을 이해하다보니, 내 자신도 조금은 더 정확하게 보여요. 제 장단점도 잘 받아들이게 되었어요. 실패해도 괜찮다는 생각도 들었지요. 여기서 문제가 하나 생겼어요.

지오피어 : 어떤 문제인가요?

곡선 : 제 단점을 깨달아도, '난 원래 그러니까 괜찮아.'라는 생각이 들어서 자꾸 자기 합리화를 해요. 난 곡선이라서 원래 좀 게으르니까 계속 게을러도 된다는 식이지요. 곡선형은 원래 이런가요?

지오피어 : 그런 생각은 특정 도형이기 때문에 하는 생각은 아니에요. 오히려 발전할 기회를 저해하는, 안타깝지만 조금은 일반적으로 빠지기 쉬운 함정이에요.

곡선 : 그럼 제가 '원래 이래서' 드는 생각은 아니군요.

지오피어 : 물론이지요. 또한, 곡선님은 그런 유혹을 간파해 냈어요. 자신을 바꾸지 않고 합리화하려는 유혹은 성장에는 방해가 될 것입니다. 도형을 통해 자신과 남을 이해하고 나면 서로 소통하고, 상대방을 더 잘 배려하기에 좋은 것이지요. 여기에는 물론 노력이 필요합니다. 이 노력은 지속적인 에너지가 있어야 해요. 또한, 나에게 맞는 옷을 찾아 입듯이, 내가 좋아하고 잘 맞는 분야, 나에게 필요한 영역, 혹은 어떤 방향으로 성장시킬 것인가를 생각해 보아야 해요. 그렇게 발전해나가는 것이지요. '이대로 괜찮아'라는 순간 전보다 더 나빠져 버릴수도 있어요. 누구나 항상 경계해야 합니다.

곡선 : 네. 조금 더 확실하게 도형의 활용법을 배운 느낌이네요. 감사합니다.

곡선형을 위한 성격코칭 포인트

- 다른 사람들은 나를 어떤 사람으로 기억할까요?
- 자신이 가장 어렵게 생각되는 일은 무엇인가요?
- 다른 사람도 그 일을 어렵게 느낄까요?

- 규칙을 지킨다면 어떻게 될까요?

- 다른 사람을 칭찬하면 어떻게 반응할까요?

- 꼭 해야 하는데 미루고 있는 일이 있나요?

- 이제부터 가장 먼저 무엇을 해보시겠습니까?

3장

불안정한 도형에 대처하는 방법

    각각의 도형들은 타고난 장점도 있지만, 심리적, 정신적으로 불안정하고 혼란스러울 때 자신도 매우 힘든 과정을 겪게 되고, 주변 사람들조차 어려움에 부닥치게 한다.

    동그라미들이 사람에게 너무 집착하다 보면 혼자 지내는 힘이 약해질 때 외로움이나 그리움의 정서가 깊어진다. 절제하지 못하고 쏟아 내는 말, 별 뜻 없이 던진 말로 인해 관계악화에 시달린다. 자신이 기대하는 결과를 얻지 못했을 때 화와 분노가 폭발하여 큰일을 그르칠 수 있는 삼각형, 모든 일은 완벽하고 정확해야 한다는 완벽주의로 강박증을 겪는 사각형, 너무 많은 생각에 사로잡히거나 민감한 감성으로 인해 우울감에 빠지게 되는 에스(곡선)형, 자신감이 부족할 때 늘 망설이고 확신이 없어 결정을 내리기 힘든 정육각형, 반면에 자신의 주장과 신념이 너무 강하여 주변 사람들과 충돌을 일으킬 수 있는 삼각 끝이 위로 솟아오른 정오각형 등 이는 각 도형들이 건강하지 못하거나, 미성숙할 때 나타나기 쉬운 아픈 증상들이다.

　이런 상태를 느끼게 되면 아하! 내가 지금 좀 아프구나, 하면서 스스로 진단 할 수 있어야 한다. 성격이 건강하지 못할 때에는 자신도 스스로 통제하기 어렵고, 더 심하면 자신이 아프다는 사실도 깨닫지 못하게 된다. 내 성격이 아플 때 나는 어떻게 알 수 있을까? 반면, 아픈 도형을 만났을 때 나는 어떻게 대처해야 할까. 몸이 아프면 여러 가지 신호를 통하여 쉽게 알 수 있겠지만 자신의 성격이 아프다고 민감하게 느끼는 사람은 많지 않다. 더구나 그것을 치료해야 할 만큼 중요한 일이라고 생각하기보다는 대수롭지 않게 넘기기 쉽다. 그렇지만 건강하지 못한 자신의 성격으로 인하여 사회생활에 부적응으로 나타나거나, 사람들이 서서히 자신을 피하여 결국은 홀로 남아 외롭고 고독한 상황에 부닥칠 수 있다. 본인이 스스로 자각했다면 성격심리전문가를 찾아가 그 해결방법을 들어보자.

네모가 아파요

-강박증, 열등감, 두려움

회사원 적당히 씨는 직장 동료 때문에 정말이지 매일매일 미쳐버릴 것 같다. 입사동기이며, 직책도 같은 과장인데도 네모 씨가 자신을 경계한 다는 느낌을 자주 받는다. 네모 과장은 꼼꼼한 사람이다. 처음에는 주 변 사람들과 유연하고 융통성 있는 적당히 씨와 분업을 하여 일을 처리 하여 서로 팀워크가 나쁘지 않았다.

문제는 둘이 같은 일을 하게 되면서부터였다. 네모 씨는 사사건건 적 당히 씨의 일에 트집을 잡았다. 허술하게 계획한 부분을 동물적인 감각 으로 기가 막히게 찾아내기도 하였다. 적당히 씨는 아무리 생각해도 네 모 씨가 적당히 씨가 하는 일만 트집 잡는다는 느낌도 들었다. 더 큰 문 제는, 네모 씨가 적당히 씨의 인간관계를 교묘하게 이간질하는 느낌까 지 종종 든다는 사실이었다. 적당히 씨가 팀 분위기를 좋게 만들어 놓으 면, 네모 씨가 한두 마디 비수로 찌르듯 적당히 씨의 잘못을 말해서 분위기를 싸하게 만들거나, 심지어 상사에게 적당히 씨의 잘못을 소상히 고자질하는 일까지 아주 빈번하게 일어났다.

네모 씨는 아무래도 적당히 씨의 좋은 인간관계에 심한 열등감을 가진 것 같다. 게다가 강박적으로 사소한 흠집을 찾아내는 바람에, 불필요한 일까지 과도하게 신경 쓰며 공연히 완벽을 추구하는 통에 적당히 씨 입장에서는 일이 전혀 진척이 안 된다는 느낌마저 들었다.

네모 대처법

적당히 씨와 네모 씨는 서로 정반대의 성격이다. 적당히 씨는 네모 씨가 일방적으로 나쁘다고 생각하기보다는 서로 잘 맞지 않는다는 관점에서 접근할 필요가 있다.

네모 씨는 조금 더 편안해져야 한다. 적당히 씨는 특유의 친화력이 있는 사람이었고, 남들에게 잘 맞추어주는 태도도 보이고 있었다. 적당히 씨는 네모 씨에게 맞추어 보기로 하였다. 먼저 자신이 하는 일이 왜 팀에게 이득인가를 논리적으로 설득하였다. 그리고 현재 팀 상황에서 어떻게 대처하는 것이 합리적인가를 설명하였다. 긴장하기도 했고 마지막이라는 기분으로 설명을 끝냈는데 네모 씨가 갑자기 아주 만족스럽고 대단히 편안한 표정을 지었다. 결과가 어떻게 되었냐고? 적당히 씨는 처음으로 네모 씨의 절대적인 협력을 얻어내며, 제대로 된 소통을 할 수 있었다.

아픈 네모형이 건강해지려면

네모형은 매사에 신중하고 정확한 것을 선호하며, 모든 일에 지나칠 정도로 완벽하게 일을 처리해야 스스로 만족한다. 맡은 일에 책임을 다하려다 보니 늘 해야할 일이 수북이 쌓여 있다.

이제부터는 다른 사람들과 일을 나누어서 하고 힘들면 힘들다고 표현하라. 필요하다면 정중하게 거절하고 제 생각과 감정을 솔직하게 표현하는 법을 익혀라. 완벽을 추구하는 일은 때로 필요하지만 그로 인해 자신과 타인을 괴롭힐 수 있다. 완벽하게 일 처리 하려는 강박관념은 두려움과 불안감으로 연결된다. 요구하는 기대 수준을 70%에서 만족하라. 다른 사람들에게 그 정도는 충분히 만족할 수준이 될 것이다.

자신을 쉽게 개방하지 않으며, 새로운 인간관계를 시작하기 어려운 네 모형은 주변에 동그라미도형이 있다면 그들이 친밀감을 형성하는 방식을 눈여겨 관찰해보고 쉽지 않겠지만 따라해보기 위해 노력하라. 세상은 계획대로만 되지 않는다는 것을 염두에 두고 치밀한 계획에 의존하기보다는 가끔 계획에 없는 여행을 떠나 의외의 행복을 발견하는 기쁨을 누려보자.

세모가 아파요

-화, 분노, 적개심, 거만함

작은 회사에 취직한 신입 사원 한열심 씨. 회사의 대표가 처음에는 대단히 멋있어 보였다. 열심 씨는 이름 그대로 열심히 업무에 매진하였고, 더 많이 배우려고 노력하였다. 그러나 어쩐지 대표이사 세모 씨의 비위를 맞추기는 쉽지 않았다.

처음에는 '내가 더 노력하면 되겠지. 내가 미숙해서 그렇겠지.'라고 생각했다. 하지만 날이 가도, 최선을 다해도 세모 씨의 칭찬을 듣기는 쉽지 않았다. 게다가 세모 씨는 조금만 마음에 들지 않아도 몹시 화를 내며 직원들을 무능한 인간들 취급을 하였다. 최악의 갑질 상사라고 해도 될 것 같은 사람이었다. 더욱더 나쁜 것은, 그 자신이 내세우는 기준이라는 게 계속 바뀌는지 스스로 모르고 있다는 것이다.

팀장인 네모 씨는 대표이사가 무능해서 기준이 자꾸 바뀐다고 말하였다. 일이란 처음부터 끝까지 특정 기준과 목표를 정해 일관성 있게 추진해야 하는데, 대표이사인 세모 씨는 애당초 뭐가 좋은 것인지, 나쁜 것인지도 잘 모르니 기준이 자꾸 바뀌고 끊임없이 일만 벌이는 것이라고 말하였다. 듣고 보니 열심 씨도 그런 생각이 들었다. 이럴 때는 세모 씨와 단둘이 마주 앉아 서로의 속내를 드러내고 그야말로 허심탄회하게 이야기할 수 있을까 여러 번 궁리하고 또 생각해 보았다. 그러나 세모 씨와 마주치면 그런 생각은 까마득히 날아가 버리고 말았다. 전혀 시도를 안 해본 건 아니었다. 세모 씨의 표정이나 말투는 마치 얼음 덩어리처럼 서늘했고 때로는 날이 시퍼런 칼날이 튀어나오는 것 같았다. 참 고약하고도 이상한 일이었다.

세모 대처법

결국, 한열심 씨는 자신이 아무리 좋은 의견을 말한들 대표이사에게는 변명처럼 들릴 뿐이라고 생각하였다. 그러던 어느 날 우연히 열심 씨는 직원 MT를 제안하였다. 대표이사는 더 열심히 하며 사기를 북돋우자는 열심 씨의 말에 흔쾌히 MT를 허락하였다. 뜻밖에 두말하지 않고 승낙했을 뿐만 아니라 세모 씨는 한열심 씨의 제안에 감탄하며 칭찬하기까지 했다.

의도적으로 그런 건 아니었지만 MT에서 레크레이션 진행을 맡은 열심 씨는 게임마다 대표이사를 꼭 참여시켰다. 함께 게임을 하면서 보니 대표이사는 승부욕이 여간 강한 사람이 아니었다. 한열심 씨는 자연스럽게 게임에서 대표이사의 승부욕을 자극하였다. 한편으로 '공정한 심판'인 자신의 지시를 대표이사가 따르게 하였다. 한 가지 정해진 기준으로 게임이 진행되면서 대표이사 역시 다른 사람들과 어울리는 방법을 몸에 익힌 듯하였다.

한열심 씨는 MT 후에 우호적인 롤링페이퍼를 돌려서 직원들이 대표이사에게 하고 싶던 말들을 조심스레 전하기도 하였다. 그리고 업무에 복귀해서는 회의록을 기록하여 공유하면서 회의 시간에 정해진 목표를 계속 대표이사에게도 상기시켰다. 현재 인력 대비 너무 많은 목표를 가지고 있다는 사실도 함께 상기시켰다. 한 번에 바뀔 수는 없겠지만, 조금씩은 직장 환경이 나아지고 있었다. 이 모든 변화는 아주 갑작스럽게 일어난 것 같았지만 사실은 조금씩, 그러나 빠르게 쉬지 않고 일어났다.

아픈 세모형이 건강해지려면

삼각형의 모양 그대로 뾰족하지만 일 처리 할 때는 확실하게 움직인다. 세모형의 장점은 놀라운 추진력과 결단력이다. 집중력이 높고 쉽게 포기하지 않으며 성공지향적이다. 당신의 탁월한 리더십은 능력이 있어 보이고, 매사에 자신만만하게 보인다.

그러나 건강하지 못한 세모형은 신경질적이고, 자기중심적이며 기준이 자꾸만 바뀌어 다른 사람들에게 혼란을 줄 수 있고, 왔다 갔다 하는 사람으로 보일 수 있다. 주변 사람들을 경쟁대상으로 보고 이겨야만 직성이 풀린다. 매사에 조급하고 전투적인 말투는 상대방을 무시하는 듯한 인상을 주고 늘 싸우려 드는 투사 같다.

삼각형의 꼭짓점은 하늘을 향해 끝없이 올라가려는 욕심을 나타내며 매사에 이기는 데만 집중하여 사소한 일에도 목숨 건다. 삼각형의 뾰족한 끝은 남들이 엄두 내지 못하고 망설일 때 과감하게 도전하는 용기가 되기도 하지만 때로 뾰족한 끝은 타인을 아프게 할 수도 있다. 타인을 향한 부드러움과 따뜻함을 나타내기 위해 노력해 보라. 타인의 말을 주의 깊게 경청하라! 타인의 장점을 찾아내어 인정하고 존중하려는 노력을 기울여보자.

감사 노트를 쓰며 가족이나 지인에게 직접 감사의 표현을 해보자. 성공하지 못한 일에 대해 지나치게 자책하지 말자. 매사에 이겨야 한다는 강박관념에서 벗어나 일에 대한 목적을 분명히 하고 조금은 객관적인 시각으로 바라보며 마음의 여유를 갖도록 하라.

주변 사람들을 자신의 경쟁상대로 보기 이전에 함께해야 할 협력자로 인식하라. 부드럽고 섬세한 리더로 당신에 대한 평가가 달라질 것이다.

원형이 아파요

-집착, 외로움, 허풍, 유아적 스토킹

3년간 직장인 동호회에 열심히 참석한 화사해 씨는 요즘 동호회를 그만둘까 생각 중이다. 얼마 전 동호회에 새로 들어온 동그라미 씨 때문이다. 처음에는 귀여운 남동생 같았다. 화사해 씨를 잘 따르는 것도, 상냥하고, 귀엽고, 재미도 있는 사람이라 가까이 지냈다.

그러나 좀 지나자 이상한 기분이 들었다. 너무 급하게 친한 척을 하는 것이 점점 의심스러웠다. 나중엔 화사해 씨가 다른 사람들과 이야기 하는 것을 질투하는 기색까지 노골적으로 드러냈다. 그러면서도 본인은 여기저기 다른 여자 회원들과 대단히 친한 척을 해서, 어쩐지 '어장관리'를 한다는 느낌을 주었다. 게다가 화사해 씨 행동 하나하나에 상처받는 것 같은 그 소심함이란 다 큰 어른 남자라고 보기도 어려울 정도였다.

화사해 씨는 "야, 네가 10대 소녀냐?"라고 꾸짖듯 말하기도 했는데, 그 말을 들은 동그라미 씨의 반응은 뜻밖이었다. 그는 더더욱 의기소침해지더니 대놓고 기분이 나쁘다며, 갑자기 말하는 것도 아주 유치해졌다.

처음에는 귀엽던 말투가 이젠 어린아이 같이 유치하게 바뀌었다. 하고
싶은 말을 마음에 담아두지 못하고 모조리 다 뱉어내는 성격인 화사해
씨는 동그라미 씨에게 참지 못하고 거칠게 퍼부어댔다.

"당신 스토커야? 왜 이렇게 집착해? 당신 나랑 친해?"

말하고 보니 너무 심하다는 생각이 들긴 했다. 동그라미 씨의 마음에
커다란 상처를 입힌 것 같았다. 그러나 막상 동그라미 씨는 그 순간만
눈을 크게 뜨고 입술을 꾹 다물고 도저히 이해할 수 없다는 표정을 지었
을 뿐이었다. 행동이 변하지는 않았다.

화사해 씨는 동그라미 씨가 나쁜 사람이라고는 생각하지 않았다. 그러
나 점점 그가 귀찮아졌고 동그라미 씨의 행동은 날이 갈수록 아주 정서
불안 그 자체였다.

화사해 씨는 동그라미 씨에게 상처 주는 과도한 말은 하지 않기로 하
였다. 대신 지켜야 할 규칙을 정해 주었다. 동그라미 씨가 자신의 말과
행동을 계속 돌아볼 수 있게 하려고 화사해 씨는 그의 말과 행동을 꼬치
꼬치 따졌다. 그에게 좀 과도할 정도로 많은 규칙을 정하고 일일이 확인
하고 지키지 않으면 차근차근 다그쳤다.

이런 조치는 상당히 효과가 있었다. 얼마 지나지 않아, 그렇게도 화사
해 씨를 따르던 동그라미 씨의 연락이 뜸해진 것이다. 들리는 이야기로
는 동그라미 씨는 다른 사람들과 친하게 잘 지내고 있었다. 화사해 씨에
대해 별다른 기억도 없는 듯이 행동한다는 이야기도 들었다. 화사해 씨
는 다행이라고 생각하면서 그에게 너무 심하게 말한 것 같아 마음이 쓰
이곤 했다.

동그라미 대처법

동그라미형은 사람에게 관심이 많고 다정다감하며 상냥한 성격의 소유자이다. 사람을 좋아하기 때문에 종종 사람들에게 과도하게 집착하기도 한다. 인정받기를 좋아하고 인기에 민감하며, 감정에 휩쓸리기 쉽다. 이러한 동그라미들에게 지나가듯 말 한마디 툭 던졌는데 가슴에 크게 박혀 가슴앓이를 하기도 한다. 일부러 상처 주려고 한 것도 아닌데 본의 아니게 가해자가 되어버린다. 그러나 누구와도 갈등관계를 원치 않는 원만한 동그라미는 쉽게 잊어버리고 용서하지만 이러한 동그라미에게는 말하기 전에 한 번 더 주의 깊게 생각해 볼 일이다.

동그라미들은 누구에게라도 쉽게 다가가 말을 걸고 친밀감을 형성하는 탁월한 강점이 있다. 그러나 동그라미가 언제까지나 나를 오래도록 기억해 줄 것이라는 기대는 하지 않는 게 좋다.

아픈 동그라미가 건강해지려면

타인의 말 한마디에 너무 민감하게 상처받지 않도록 하자. 그 사람은 나와 다르고 충분히 그럴 수 있다. 대화 스타일이 나와 다른 그(그녀)라고 생각하자. 다른 사람들에게 너무 많은 말을 늘어놓아 곤란을 겪는 일이 생기지 않도록 노력하라. 말하기 전에 꼭 해야 할 말을 구분하는 습관을 길들여라. 다른 사람들과 여럿이 함께 대화 할 때는 자신이 말하는 분량을 절반 이상 줄여라. 사람에 대해 관심과 호기심이 많은 당신은 한 사람에게 성실해야 하는 관계에서 어려움을 느낄 수도 있다. 그러나 당신은 오롯이 한 사람만을 사랑하는 경험을 통해 성장할 수 있을 것이다.

느낌이나 이미지에 집착하기보다는 상대의 본질을 사랑하기 위해 노력하자. 목적에 충실하고, 계획에 차질이 생기지 않도록 애를 써보자. 한번 시작한 일이 있다면 마무리할 때까지 다른 일을 시작하지 않는 것도 좋은 방법일 수 있다.

오각형이 아파요

-일 중독증, 성격 급함, 완고함

신문사에 입사한 나성실 씨는 요즘 직속 상사인 오각형 때문에 고민이 이만저만이 아니다. 오각형 씨는 끊임없이 나성실 씨를 괴롭힌다. 그것도 아주 아주 사소한 일들로 말이다. 가령 퇴근 직전에 나성실 씨를 불러 밀린 일을 잔뜩 던져주고 '내일까지 완료하라'라고 갑질하듯 말한 적도 한두 번이 아니다, 신혼인 나성실 씨의 개인 사정을 뻔히 알면서도 전혀 배려해 주지 않는다. 휴일에도 아침저녁으로 전화를 해서 업무에 관한 지시를 한다. 물론 이런 갑질이 나성실 씨 한 사람에게만 집중되는 것은 아니다. 다른 업무팀은 웃으면서 근무하는데, 오각형 씨가 속한 팀은 이렇게 직원들을 괴롭히고 줄곧 직원들을 나무라기만 한다. 대체 어느 정도 잘하고, 빨리해야 오각형 씨가 잠잠해질 것인가. 박수나 칭찬 소리를 듣고 싶은 게 아니라 그저 갑질만 하지 않았으면 하는 게 나성실 씨의 소원이 되었다.

그러나 결국 성실 씨는 오각형 씨에게 인정받으려는 노력을 포기하였다. 오각형 씨는 아마도 자기 자신에게도 만족하지 못하는 사람이라고 생각했다. 아마 죽은 사람 외에는 아무도 그에게 어떤 좋은 말도 듣기 어려울 것이다. 나성실 씨는 자신의 노력과 의도적인 연출에 완전히 지쳐버렸다.

오각형은 그야말로 효율성이 중요한 도형이다. 빠르게 일을 처리하기 위해 어떤 희생도 불사하는 느낌을 준다. 전쟁터라면 모를까 사회생활에서 다른 사람들에게 돌격과 희생을 강요하는 상관에 맞춰 산다는 건 정말 피곤한 일이다. 내 사전에 불가능이란 없다를 외치는 이런 상관 아래 적응하다 보면 종종 번 아웃burn-out 상태가 되기도 한다. 분명 오각형은 성실하고 유능하다. 모든 일을 처리하는 속도도 빠르다. 어떤 일도 빠르게 배울 수 있을 것이다. 단 개인적으로 능력을 발휘하는 경우에는 개인적인 문제에 그치지만 팀을 이루어 함께 일하는 경우 어떤 팀원들에겐 정말 버거운 존재가 되곤 한다. 물론 덕분에 팀의 성과가 좋아지기도 하지만 말이다.

오각형 대처법

나성실 씨는 일단 오각형에게 최대한 신뢰를 받기로 결심하였다. '일을 열심히 하는 성실군'이라는 인상을 강하게 심어주기 위해 끈질기게 노력하였다. 오각형이 말하기 전에 먼저 업무제안을 해보고, 발 빠르게 문제점을 찾아내기도 하였다. 겨우 약간의 신뢰를 얻었다고 생각한 다음에는 팀원들이 모인 공개적인 자리에서 농담처럼 말했다.

"어젯밤 10시 넘어 카톡 보내셨더라고요. 우리 가족들은 제가 직장 내에서 괴롭힘이라도 당하는 줄 알아요."

다른 팀원들은 어색함을 감추기 위해 크게 웃었다. 팀원들도 공감한다는 표정이었다. 때로 성실 씨는 의도적으로 밤을 새워 열심히 일하는 모습을 오각형에게 보여주기도 했다. 밤을 새운 다음 날 아침에 픽픽 쓰러질 것 같은 모습도 연출해 보았다.

나성실 씨는 그야말로 성실한 사람이라, 언젠가는 오각형이 인정해줄 것이다. 그러나, 언제까지 이러한 연출을 하기에는 무리가 따를 것이다. 먼저 수치화된 데이터로 성과를 측정하고 보여줄 수 있도록 노력하라. 최선을 다하고 있다는 신뢰를 주면 된다. 노력은 쓰지만 열매는 달다. 특히 오각형에게 그렇다. 오각형은 한번 신뢰한 사람은 끝까지 책임을 지고자 한다.

아픈 오각형이 건강해지려면

오각형은 정해진 규칙에 익숙하다. 논리적이고 체계적인 상황에서 편안해하지만 자유롭고 유연한 사람들을 보면 짜증스러울 수 있다. 신속하면서도 완벽해야 하는 일 처리 스타일은 높은 성과를 내기에 충분하지만, 주변 사람들은 매우 힘들게 느낄 수 있다. 삼각형과 사각형의 조합으로 이루어진 오각형 모양은 곡선이 자리 잡을 틈을 좀처럼 내어주지 않는다. 쉽게 자신의 감정을 내보이지 않으며 심지어 매우 감성적인 사람들을 보면 불편하기까지 하다. 자신의 감정을 되돌아보고 보살피는 시간이 필요하다. 자신을 지나치게 채찍질하느라 지친 몸과 마음을 다독여라. 온몸과 마음의 긴장을 풀고 충분한 휴식을 취할 수 있는 자신만의 시간을 마련하라. 자신의 생활에 여유와 자유를 얻기 위해 느슨한 일 처리, 여유 있는 생각 습관을 가져보라.

육각형이 아파요

-우유부단함, 낮은 자존감

중간 관리자인 강힘찬 대리는 오늘도 출근하며 한숨을 쉰다. 성과를 내기 위해서 강력하게 밀어붙여도 부족 할 만큼 중요한 프로젝트가 있는데, 상사인 육각형 씨는 자꾸만 결정을 미루고 있기 때문이다. 이대로라면 경쟁부서에 성과를 빼앗길지도 모른다. 다른 준비는 다 되었고, 단지 육각형 씨가 승인만 하면 되는데, 그 승인을 하지 않아서 강힘찬 대리는 너무나 초조하다. 정말 이해하기 어렵다. 지난번에도 비슷한 일이 있었다. 힘찬 씨가 다 준비하고 추진했는데, 무슨 이유인지 육각형 씨가 결정을 차일피일 미루다 보니 윗선에서 경쟁 부서에 이 프로젝트를 준 것이다. 경쟁 부서는 웬 떡이냐 하며 일을 받았고, 적지 않은 성과급도 챙겨갔다. 내부 승진도 아마도 힘찬 대리의 부서보다는 경쟁부서가 더 빨랐던 것 같다. 그때도 육각형 씨는 단지 '회사의 구조상 그렇게 할 수밖에 없다'라는 변명 아닌 변명을 늘어놓았다. 절대로 자신의 책임 같은 건 단 한 번도 인정해 본 기억이 없다. 아주 무능함의 극치다.

이번에도 이렇게 되면 어쩌란 것인가. 매사에 우물쭈물하기만 하는 육각형 씨를 대체 어떻게 바꿀 수 있을까.

육각형 대처법

우유부단하기만 하고, 그래서 사람은 참 좋다는 소리는 듣지만, 좀처럼 스스로 결정을 내리지 못하는 참 못난 상사 때문에 힘찬 대리는 심각한 고민에 빠졌다. 그는 회사를 그만둘까, 부서 이전을 신청할까 생각하며 사직서를 몇 장 썼다가 찢어버렸다. 그리고 결정했다. 일단 매사에 불안해하는 육각형 상사를 안심시켜 보기로 했다. 새로운 프로젝트가 부여되면 흐름 상, 구조상 어차피 이 일은 반드시 진행되어야 한다는 논리로 상사를 설득하며, 이 일만 잘 통과되면 육각형 씨가 충분히 정년까지 회사에 다닐 수 있을 것이란 암시도 주었다.

왜 내가 이런 말까지 하면서 상관을 설득해야 하는지, 누가 상관인지 부하 직원인지 위아래가 뒤집힌 것 같아 종종 난감한 생각이 들기도 했다. 그래도 힘찬 대리는 꾹 참고 하고 싶은 말을 쉽게 말하지 않고 조금씩 조금씩 정보를 흘리거나 근거 자료를 충분히 보여주는 식으로 설득을 계속했다. 차츰차츰 육각형 씨가 자신감을 가지고 신속하게 결정할 때마다 힘찬 씨는 육각형 씨의 결정에 '대단히 훌륭한 결정이십니다'라고 추켜세웠다.

이처럼 육각형은 건강하지 못할 때 몹시 소심하게 비치는 유형이다. 최대한 자신의 결정과 책임은 미루고 주변 상황과 시스템이 대신 결정해주기를 바라는 경향이 있다. 심할 때는 자신이 책임지기 싫어서 부하 직원들의 원성에도 불구하고 도망가 버리는 일도 있다. 정말 어처구니

없는 일이다. 하지만 육각형은 꼼꼼하고 아주 태평스러운 경향도 보이고 있다. 자신이 그러하니 다른 사람들을 부담스럽게 압박하는 일도 드물다. 실패를 두려워하다 보니 매사에 신중하고 육각형의 모양과 같이 안정된 것을 선호한다. 새로운 일을 추진하는데 망설임이 많고 결정하기까지 걸리는 시간이 길어진다. 그러므로 이런 육각형에게는 끊임없이 무한신뢰를 보내주는 것이 필요하다. 타인의 인정이 반복될수록 자신감의 크기는 의사결정 능력을 증가시키는 힘이 되기 때문이다.

아픈 육각형이 건강해지려면

대인관계에 있어서 위축되어 있을 때 육각형은 타인의 눈치를 보며 지나치게 타인의 시선을 의식한다. 상처받게 될 것이 두려워 쉽게 다가서지 못하고 망설인다. 현실적인 판단이 앞서므로 자칫 지나치게 계산적인 사람으로 비칠 수 있다. 당신에게는 신속한 결단력과 자신감이 필요하다. 살아가면서 결정해야 할 상황에서 자신을 행복하게 할 수 있는 정도의 결단력은 언제나 필요하다. 그러기 위해서는 자신감을 기르는 일은 당연하지만, 또한 두려움을 이겨내는 용기, 책임지는 용기도 필요하다. 그런데 용기는 수많은 경험에서 나온다. 지혜 없는 용기는 만용蠻勇이며 무모함이다. 지혜로운 용기는 자신과 타인을 이롭게 한다. 지혜와 용기가 어울리면 분명 조직을 개선하고 더 나은 세상을 만든다. 만일 육각형이 진정한 용기를 지니게 된다면 그것이야말로 진정 쓸모 있는 용기가 될 것이다. 우유부단함, 나약함, 허약함이 신속한 결정능력, 강한 추진력으로 바뀌는 놀라운 변화를 맞이하게 될 것이다.

S(곡선형)가 아파요

-게임중독, 산만함, 무절제

모성애 씨는 아들인 에스형 때문에 걱정이 태산이다.

아들은 어릴 때부터 소심한 편이었다. 사소한 일 하나도 부모의 눈치를 살피고 무슨 일이건 자신이 주도권을 잡고 자신 있게 실천하지 못하는 편이었다. 괜한 오해를 받을 정도로 생각도 많은 편이었다. 모성애 씨의 아들은 자신의 미래를 긍정적으로 바라보지 못하고 끊임없이 부정적으로 생각하는 것 같았다. 게다가 아들은 게임에 심각하게 빠져있었다.

사실 모성애 씨는 아들과 여러 번 약속했다. 아들은 어머니와 한 약속만은 꼭 지키겠노라고 매번 다짐했다. 그러나 아들은 여러 번 조건을 바꾸었고, 결국 지켜진 약속은 한 가지도 없었다. 화가 난 어머니는 아들을 심하게 야단도 쳐보고, 때로는 조용히 달래 보기도 했다. 그러나 아들은 쉬지 않고 거짓말을 하고, 그때그때 기분에 따라 헛된 계획만 잔뜩 세우고 결국 다시 게임 중독에 빠져들었다. 모성애 씨가 아들을 위해 할 수 있는 일은 아무것도 없는 것처럼 느껴졌다. 모성애 씨는 심각한 우울증에 시달리고 있었다. S형의 특징을 참고하여 게임 중독에 빠진 에스형 아들을 위한 솔루션을 생각해 보자.

곡선형 대처법

여러 가지 다양한 중독 현상을 의학적, 생물학적인 문제로만 바라보면서 금방이라도 해결책이 나타날 것으로 생각 했던 시절이 있었지만, 그것은 잘못이었다. 사실 모든 중독 현상의 가장 근본적인 문제는 '관계성'에 있다. 중독은 심리적, 사회적 관계를 잘못 이해하고 부정확하게 연결하면서 시작된다. 바꾸어 말하면 중독은 일종의 인지 장애라고 할 수 있다. 좀 더 쉽게 말하자면 중독은 곧 '잘못된 만남'이다.

0원인을 알면 해결 방법도 자연스럽게 떠오르는 법이다. 잘못된 만남, 왜곡된 관계성을 바로잡는 인지 심리학적 치료에서 아들의 중독 현상을 바로잡아 보기로 했다. 해법을 들은 모성애 씨는 아들의 인간관계를 넓혀주고, 다양하고 흥미로운 모임에 자주 참석할 수 있게 유도하기로 하였다.

좋은 모임에 정기적으로 성실하게 나가서, 아들이 '규칙적인' 무언가를 실천하게 도와주었다. 그리고 호의적인 사람들과 어울리면서 인간관계의 기쁨과 재미있는 일들을 더 많이 누리게 도와주었다. 또한, 아들이 보람을 느낄만한 일들을 찾도록 여러 가지 일을 추천해 주었다. 그중의 하나가 바로 목공예였다. 아들은 창고에서 무언가를 뚝딱뚝딱 만드는 일을 좋아하였다. 시간이 지나니 제법 멋있는 가구를 만들어내기도 했다. 가끔 게임을 즐기긴 했으나, 예전처럼 종일, 다른 일은 하지 않고 오직 게임만 하는 일은 눈에 띄게 줄어들었다. 나쁜 중독은 다른 새로운 좋은 중독으로 치료가 되었다. 잘못된 관계는 바람직한 관계로 고친다는 아주 간명한 해결 방법을 모성애 씨는 아들의 변화에서 실감하게 되었다.

아픈 곡선형이 건강해지려면

S형에게 필요한 것은 좀 더 많은 이해심과 폭넓은 인간관계다. 생각 자체를 질서 있게 정돈하는 일에 서툴다. 그래서 종종 충동적으로 행동하고 즉흥적으로 무슨 일이든 '저지르고 보는' 모습을 보인다. 반면 S형의 장점은 놀라운 창조력이다. 창의성을 발휘하는 일을 좋아하고, 유머도 넘친다. 강력한 영감에 따라 행동하기도 한다. 이성보다는 감성에 움직이기 때문이다.

당신은 세상이 만든 틀에 좀처럼 매이지 않으려는 '자유인'이다. 당신은 늘 꿈을 꾸며, 자유로움을 추구한다. 많은 사람은 당신을 한편 부러워하고 한편 질투한다. 그만큼 당신은 멋진 사람이 될 수 있지만, 또 반대로 당신은 아주 '형편없는' 인생을 살 수도 있다. 당신은 거만할 정도의 자존감을 갖추고 좀 더 당당하게 살아가려 하겠지만 슬프게도 인생을 그렇게 간단하게 살아갈 수는 없는 일이다. 팀을 이루어 해야 할 계획도 필요하고, 팀 내부의 역할과 팀을 위한 실천, 희생도 필요하다. 때로는 타협도 필요하다. 타인과 끊임없이 만나고 의견을 교환하는 일들이 종종 당신의 내면을 갉아낼 것이다. 당신은 사소한 만남으로 뜻밖의 상처를 받기도 한다.

당신은 변덕스럽고 우울한 감정의 파도를 이겨내기 위해 쉬지 않고 노력하는 것이 매우 중요한 일임을 기억하라. 당연히 어제 좋았다고 해서 오늘도 좋은 것은 아니다. 스트레스의 먹이가 되지 않기 위해 노력하고, 자신이 좋아하는 일을 조금씩이라도 계속 하라. 상상하고, 표현하고, 남들에게 어떤 피해도 주지 않는 선을 지키며 그 안에서 자유롭게 행동하라. 물론 나이가 들고 정신적으로 성숙해질수록 실현 가능한 계획을 세우고, 그 계획을 응축하고 축소하여 버릴 것은 과감히 버리고 핵심적인 일만 한다는 생각을 가지는 것이 좋다.

건강하지 못한 도형과 함께라면

우리는 살아가면서 여러 모양의 건강하지 못한 도형을 만난다. 건강하지 못한 도형을 완전히 피할 수는 없다. 또한, 내가 그런 도형 중 하나가 아니라는 보장도 없다. 내가 미쳤거나, 상대방이 완전히 미쳤거나, 이 정도에 이르면 상대방을 나 자신과 잘 맞지 않는 이상한 성격으로 몰아붙이게 된다. 중요한 것은 내가 힘들면 상대방도 나를 힘들어한다는 사실이다. 일방적이기보다는 서로 간에 상대적인 경우가 훨씬 많기 때문이다. 특히 부부상담을 하다 보면 '그저 포기하고 살아요.'라는 넋두리를 많이 듣게 된다. 이는 어느 한쪽의 푸념이기보다 대부분 쌍방이 그런 경우가 많다. 우리는 이런 갈등을 나와 다른 모양이기 때문에, 나와는 근본적으로 다른 인간이고 나와는 맞지 않는다! 라고 생각한다. 그렇다! 그는 나와 모양이 다르다. 그렇기에 성질이 다른 것은 너무나 당연한 이치가 아닌가. 사각형이 삼각형에게 너는 왜 나와 다른가? 라고 탓할 수 없고 동그라미가 곡선형(S)에게 내가 원하는 도형이 되어줄 것

129

을 요구해서는 안 되는 이유이다. 잠깐, 여기서 우리가 기억해야 할 것이 있다. 익히 아는 격언 대로 '다른 것은 틀린 것이 아니다.' 서로 다른 것이지 다른 것이 곧 나쁜 것은 아니라는 뜻이다. 각각의 생긴 모양대로 어떤 특성이 있는지를 이해하고, 그 모양에 따라 성질도 다르고, 선호하는 것도 다르고, 말하는 소통방식도 다르다. 그리고 느끼는 감정조차 다를 수 있음을 이해하고 인정할 수 있어야 한다. 그러기 위해서는 무엇보다 나를 먼저 알아야 한다. 나는 어떤 모양을 가지고 있으며, 어떤 특성이 있는지 파악하고 상대방은 그에 따라 어떤 모양인지 관찰하다 보면 서로 다른 모양들이 어떻게 어울려 살아가야 하는지에 대한 혜안을 얻게 될 것이다.

사람은 혼자 살 수 없는 관계적 존재이다. 마음에 딱 맞는 사람들하고만 지낼 수는 없다. 나에게 잘해주면 좋은 사람, 나에게 잘하지 못하는 사람은 나쁜 사람이라는 주관적인 감정편향을 경계해야 한다. 오늘 마음에 맞더라도 내일 마음이 틀어질 수도 있다. 이렇듯 어떤 도형이라도 긍정적인 성향과 부정적인 양면의 성향을 함께 가지고 있다. 결국, 나와 완벽하게 잘 맞는 성격의 도형이란 있을 수 없다. 서로의 관계 속에서 불쾌한 감정적 교류가 지속되거나, 서로의 대화 속에 커뮤니케이션의 미숙함으로 인하여 상대가 나를 힘들고 피곤하게 하면 나와는 맞지 않는다고 단정 지어 버릴 수 있다.

이처럼 대인 갈등은 불쾌한 감정들이 쌓여 서로 간의 관계가 악화하였을 때 상대방에 대한 왜곡된 감정의 골이 깊어져 생기는 문제일 가능성이 훨씬 더 크다. 특히 가족 간의 갈등은 서로에 대한 기대가 높거나, 가족이기 때문에 애정을 담아 염려하는 마음이 전달과정에서 오히려 악영향을 미치는 경우가 많다. 나의 감정과 상대방이 느끼는 감정에 대해 이해를 높이기 위한 대화를 시도해보면 의외로 쉽게 갈등이 풀릴 수 있을 것이다.

상대방에 대하여 부정적으로 형성된 대인지각person perception은 같은 상황일지라도 대상에 따라 스트레스로 받아들이는 수준이 다를 수 있다. 첫 만남부터 형성된 상대방에 대한 지각이 어떠한지 먼저 살펴봄도 좋은 방법이 될 것이다. 인간의 감정상태는 '고정되어 있지 않고 늘 움직이는' 것이다. 이런 점을 고려하여 상대방에 대한 나의 감정상태를 바꿔보는 것도 좋은 방법 중 하나일 수 있다.

각각의 도형에 따라 좋은 점을 먼저 떠올리며 상대방에 대한 인정과 존중의 마음을 가져보는 것이다. 세상을 살아가려면 이해할 수 없는 사람을 서로 이해하며 맞춰 가야 할 때를 종종 마주하게 된다. 상대가 특정하게 극단적인 성향을 가지고 있다면 그 원인을 찾아 해결하고 함께 성장하는 것이 가장 좋은 방법이 되겠지만, 그렇게 하지 못한다면 상대의 성향을 있는 그대로 존중해 주며 일정한 거리를 유지하는 것도 현명한 관계방식이 될 것이다. 상대방이 소중한 만큼 나 자신은 더욱 소중한 존재이기 때문이다. 스스로 자기 자존을 지킬 수 있을 때 타인에 대해서도 충분히 존중할 수 있을 테니까.

4장

도형과 색채 심리

우리는 취미라는 것을 가지기 마련이고, 취미를 통해서 내가 어떤 사람이라는 것을 표현한다. 어떤 사람은 축구를 하고 다른 사람은 농구를 한다. 이러한 취미 중 2010년에 등장해 많은 인기를 얻었던 책이 있었다. 컬러링북이다. 컬러링북이라고 하니 뭔가 거창해 보이지만 우리가 어릴 적에 했던 색칠 놀이와 같은 것이다.

본래는 애들이나 갖고 노는 책 정도로 여겨졌지만, 2000년대 중반 들어 어른을 위한 정교한 컬러링북들이 나오고 힐링 붐을 타고 한국에 소개됐다. 2010년대 중반 본격적으로 인기를 얻으며 대중적으로 퍼졌다. 색연필 정도만 있으면 나이를 막론하고 쉽게 즐길 수 있어서 꾸준히 수요가 있어 온 장르지만 국내외를 막론하고 인기를 끌었다. 이 책이 어른들에게 인기가 있었던 것은 그만큼 심리적으로 지친 사람들이 많다는 이야기라고 볼 수 있다.

최근에는 컬러를 이용해 심리를 치료하는 컬러테라피가 선을 보였고, 이는 대중뿐만이 아니라 산업 전반에 활용되고 있다.

왜 의사들은 수술할 때 녹색 가운을 입는지, 연인에게 사랑을 표현할 때에는 빨간색을 주로 사용하는지 생각해 본 적이 있는가? 우리는 우리도 모르는 사이에 일상 속 컬러를 통해 몸과 마음을 치료받고 분위기를 전환 시키고 있다. 이렇게 컬러를 통해 정서적 안정과 심리적 스트레스를 해소하는 것을 전문용어로 컬러테라피라고 한다. 컬러테라피는 컬러color와 테라피therapy의 합성어로 색채 치료라고도 불린다.

치유의 효력을 가진 컬러

컬러를 이용한 심리적 효과는 과거 중국, 이집트, 인도와 같은 나라에서도 그 전통을 찾아볼 수 있다. 과거 중국에서는 황제의 자리에 적색 계통을 사용하였다. 이로써 신하를 복종시키는 효과를 얻었고, 신하의 자리에는 황색, 청색을 이용해 황제가 신하를 판단하는데 차분하고 냉정할 수 있도록 컬러를 배치하였다. 고대 이집트에서는 색채가 신체적, 정신적 건강에 이용될 수 있다는 사실을 깨닫고 일찌감치 다양한 컬러를 치료에 사용하였다.

우리나라에서도 예로부터 오방색(황, 청, 적, 백, 흑)에 의미를 부여하고 가구나 의복에 적용해 색채를 활용한 모습을 엿볼 수 있다. 컬러테라피는 다이어트를 돕는데도 탁월한 효과가 있다. 일본의 색채학자 노무라 준이치는 색과 음식의 상관관계에 주목했다. 색채 정보가 미각에 영향을 주어 식욕에까지 영향을 끼친다는 연구 결과를 발표했다. 예를 들어 청색과 보라색은 옛날부터 독이나 쓴맛이라는 이미지가 학습되어 있어 식욕 저하에 효과를 준다는 것이다. 파란색에는 감정 완화와 이성적 사고를 돕는 효과가 있기 때문에 다이어트를 할 때는 파란색의 식기로 환경을 조성하는 것도 좋다.

현대의 컬러테라피는 단순히 색채 자체만으로 이용되지 않고 인테리어, 의류, 메이크업 등 다양한 분야와 접목되어 일상에 다가오고 있다. 또한, 컬러테라피에는 피로와 스트레스로 지친 몸을 회복하고 면역력, 치유력 증강으로 노화를 예방하는 효과도 가지고 있어 의료분야에서도 활발하게 사용되고 있다.

RED_열정이 가득 느껴지는 빨강

강렬한 빨강은 기운을 북돋는 색으로, 추진력이 필요할 때, 우울한 기분이 들 때나 몹시 지칠 때, 신체의 행동력과 에너지 등을 깨울 수 있는 색이다. 레드야말로 내면에 집중된 정신을 밖으로 분산시켜, 무기력한 삶에 의욕을 불어넣어 줘 자신감을 높여주는 효과를 볼 수 있는 컬러다. 이러한 빨간색의 효과는 상상에서만 그치지 않는다. 빨간색에는 아드레날린을 분비하는 효과가 있어 혈압과 체온을 상승시켜주는 동시에, 원기를 불어넣어 준다. 또 '빨간약'으로 불리는 머큐로크롬은 소독약이지만, 건강한 혈액을 떠올리게 하는 심리적인 치료 효과도 지니고 있다.

ORANGE_마음의 안정이 필요할 때는 주황

따뜻하고 활발한 기운을 가진 주황색은 몸과 마음을 모두 따뜻하게 해주는 색으로, 상대에게 웃음이나 긍정적인 반응을 유발하고자 할 때 자주 사용된다. 그 따뜻한 특성 때문인지, 특히 정과 유대감이 강한 사람들이 이 색을 좋아한다. 이 색을 사용하면 남의 잘못을 너그럽게 받아들이거나 용서해주는 역할을 할 뿐만 아니라, 마음에 안정을 가져다주는 효과를 기대할 수 있다.

YELLOW_강한 자아를 상징하는 노랑

열린 마음을 상징하는 색으로, 내향적인 성향보다는 외향적인 성향을 드러낸다. 그러므로, 노란색은 결정장애나 의욕 저하를 겪는 상황에 도움이 된다. 피에로의 의상에 노란색이 많이 들어간 이유도 스펀지 밥, 심슨 등 만화 캐릭터가 노란색으로 자주 만들어지는 이유도 이 때문이다.

GREEN_여유가 필요할 때는 초록

푸릇푸릇한 대자연을 연상케 해주는 초록색은 마음을 안정시키고 감정의 균형을 이뤄주는 역할을 한다. 또 의학적으로도 눈의 피로를 덜어주어 시력에 좋은 색이라고 알려져 있으며, 정신건강에 긍정적인 효과를 얻을 수 있기에 우울증 및 스트레스를 받았을 때, 여유를 느끼고 싶을 때 지친 심신에 기운을 북돋워 줄 수 있다. 특히, 체내에 축적된 해로운 물질들을 제거해주기 때문에 독소 제거와 같은 효과를 기대할 수 있다. 그로 인해, 교감 신경계에도 도움이 된다. 균형 있는 상태나 편안함을 원할 때는 초록색을 보는 것이 좋다.

BLUE_차분한 소통을 원할 때는 파랑

차갑지만 차분한 톤으로 들끓었던 화를 가라앉혀 주는 효과를 가진 파란색은 마음을 진정시키고 인내심을 가질 수 있게 도와주는 컬러 중 하나다. 특히, 누군가의 호감이 필요할 때, 좋은 성과를 연결하기 위해 용기가 필요할 때, 불안감 및 불면증 해소에 도움이 된다. 욕망이 절제된 인상을 주며 스트레스를 줄여주기 때문이다.

VIOLET_자유로운 창의력을 내뿜는 보라

범상치 않은 혼란의 색이라고 알려진 보라색은 부정적인 상황을 긍정적으로 치유하고 싶을 때, 우울증을 앓고 있을 때나 슬플 때 도움을 준다. 특히, 보라색은 뇌하수체에 영향을 주기 때문에 호르몬 활동을 통해 직접 사물에 관한 구체적인 지식을 이끄는 효능을 볼 수 있다. 그러므로 예술과 이론, 자극과 절제, 이성과 상상이 동시에 필요할 땐 보라색의 영향을 받는 것이 좋다.

PINK_달콤한 온기를 가진 분홍

누군가에게 기대고 싶을 때, 분홍색은 안정적인 감정을 유지할 수 있도록 따뜻하게 물들여주는 역할을 한다. 혼란스러운 감정이거나 우울증이 있을 때 포근하고 온순한 기운을 뇌로 공급해 준다. 이를 통해, 교감 신경계를 자극하여 신경쇠약이나 만성피로, 혼란스러울 때 감정을 추스릴 수 있게 도와준다.

WHITE_에너지가 필요할 때는 흰색

몸이 필요로 하는 에너지를 효율적으로 공급해 주는 흰색은 화를 다스리고 싶을 때, 실패로 좌절했을 때, 긍정적인 시작을 원할 때, 안정감을 전달해주는 역할을 한다. 흰색은 순수함을 나타내는 컬러로 청결하고 정적이며 긍정적인 마음을 갖도록 도와주기 때문에, 감정과 사고를 원활하게 순환시킬 수 있다. 하지만 흰색은 심리학적으로 땅이 메말라 아무것도 자라지 못하는 것처럼 아무런 감정을 느끼지 못하는 무의 상징이기도 하므로 과도한 사용은 피해야 한다.

컬러별 체질

　우리는 언제부터 색을 인식할까? 아기들은 태어난 순간부터 눈이 보이기는 하지만, 대게 생후 2개월까지는 사물을 흐릿하게 인지한다. 그렇지만 삼원색인 빨간색, 노란색, 파란색을 구분할 수 있다고 알려져 있다. 생후 3개월 후부터는 노란색과 빨간색을 정확하게 구분할 수 있으며, 파란색과 초록색도 구분할 수 있다. 생후 6개월 이후부터는 양쪽 눈으로 사물을 보기 시작하며, 완전히 색을 구분할 수 있다.

　세 살 이전의 아이에게는 이미 기호색이 있다고 한다. 아이는 자신이 좋아하는 색으로 주위 세계를 알게 된다. 기호색을 기본으로 점차 기호색과 비슷한 색, 반대되는 색을 배우면서 생활에 필요한 정보와 사물들에 대해 알아가는 것이다. 말하자면 컬러는 우리의 체질이 이끌어내는 본능적 언어라고 할 수 있다. 색깔별 체질을 살펴보면서 나는 어떤 색의 체질인지를 살펴보자.

빨강(Red)

빨간색 성향의 사람들은 격렬한 삶의 정신, 삶에 대한 의지가 충만한 사람들이다. 이들은 자극, 결의, 열정, 투지의 성향이 강하다. 지칠 줄 모르는 에너지를 소유한 이들은 용기, 자유, 끈기, 열정을 몸소 실천한다. 이들은 성공하고자 하는 욕망을 지녔으나 생각 없이 행동으로 옮기는 경향이 있다. 무슨 일이 있어도 자기가 하고 싶은 대로 하는 사람들이다. 빨강의 성향을 지닌 사람 중에는 훌륭한 지도자, 개혁가, 투사들이 많으며 이루어 놓은 것이 아무것도 없는 상황 속에서도 대단한 것을 창출해 내는 사람들도 빨간색의 성향을 지녔다. 생명력이 넘치는 탐험가나 개척자들도 이들 중에 속한다. 군 지휘자와 CEO들도 빨간색과 관련이 있는데, 이들은 특히 신체적인 힘뿐만 아니라 감정적인 면도 함께 지니고 있다. 지오피아 6가지 도형의 성격 특성 중 매우 진취적이며 도전적이고 열정이 강한 삼각형의 상징 컬러이다.

주황(Orange)

주황색의 성향을 지닌 사람들은 자립적이고, 현실적이며 다정하고 관대하고 상냥하며, 마음이 따뜻한 사람이다. 이들은 판단력을 지니고 있어 시험해본 후에 수락하거나 거절한다. 또한, 추진력과 인내력도 지니고 있다. 빨간색 기질의 사람들이 위협적이라면 오렌지색 기질의 사람들은 기회를 기다리는 사람들이다. 특히 긍정적인 낙관주의가 주요 특징이라 할 수 있다. 오렌지색 성향의 사람들은 친근하며 한 모임의 중심인물인 경우가 많으며, 지역사회의 훌륭한 조력자이기도 하다. 이들은 함께 모여 일하기를 좋아하고 개인적인 성공보다는 그룹 내에서의 성취

감에 뿌듯해진다. 일반적으로 요리를 잘하거나 스포츠에 두각을 보인다. 이들은 마음이 따뜻하고 관대하지만, 한편으로는 열등감이 커 고생을 겪기도 한다. 지오피아 6가지 도형의 성격 특성 중 사교적이고 다정다감하며 관계 지향적인 외향적 동그라미의 상징 컬러이다.

노랑(Yellow)

노란색 성향의 사람들은 정신 지향적이고, 세심하고, 낙관적이고 명석한 사람이며, 이성에 지배된다. 이들은 주의력과 집중력이 높으면서도 동시에 유연하고 융통성이 있으며, 새로운 아이디어를 좋아한다. 과학자들은 지적인 노란색 기질을 지니고 있다. 이 사람들은 신체적으로든 심리적으로든 반사 신경이 탁월하다. 이들은 절대로 머뭇거리지 않으며 즉시 결정하고 즉시 행동으로 옮긴다. 또한 노란색은 탁월한 의사소통을 지닌 사람들의 색상이다. 어찌보면 이들은 계속해서 말을 해야 하는 사람들이다. 노란색 성향의 사람들은 화가날 때는 신랄하고 독설을 부리지만, 대부분 명랑하고 자발적이다. 지오피아 6가지 도형의 성격 특성 중 활발한 주황색 동그라미보다는 조금 더 차분한 내향적 동그라미의 상징 컬러이다.

녹색(Green)

녹색은 노란색과 파란색 사이에 있는 색상이다. 스펙트럼에서 다리이자 통로 역할을 하며, 신체에서 심장이 하는 역할과 흡사하다. 녹색 성향의 사람들은 이상주의자로서, 사회적 양심이 강하다. 이들은 기꺼이 타인을 도와주려고 하며, 자신의 비용이 들어가는 경우에도 마다하지 않는다. 이들은 신뢰도가 높으며, 외교적 수완이 좋다. 사랑을 받기보다 오히려 칭찬을 받는다는 표현이 적당하다. 녹색 성향의 사람들은 특히 사업에서 성공하는 경우가 많다. 이들은 '풍족한 생활'을 좋아하고, 재산을 모으는 데 열심이지만 이와 동시에 본인들이 축적한 재산을 베풀기를 좋아하는 관대한 사람들이다. 의사들의 대다수도 녹색 성향의 사람이다. 실외 활동을 좋아하는 것도 녹색 성향의 또 다른 성격인데, 훌륭한 농부나 환경 보호론자도 녹색 성향을 지녔다. 지오피아 6가지 도형의 성격 특성 중 안정감 있고, 차분하며 신중한 네모형의 상징 컬러이다.

파랑(Blue)

파란색 성향의 사람은 '잔잔한 물이 깊다(말 없는 사람이 생각이 깊다)'라는 말을 그대로 보여주는 사람이다. 이들은 뛰어난 지능을 갖췄으며 '진실한 영혼'의 소유자이다. 인후咽喉도 파란색의 영향을 받고, 이 색상과 관련된 사람은 머리와 가슴이 인후를 통해서 말한다. 이들은 생각이 깊어서 미리 생각해 보지 않고는 결코 행동으로 옮기지 않는다. 마음이 항상 평안하고, 스스로 관심을 받고자 애쓰지 않는다. 창의력이 뛰어나서 시인, 철학가, 작가를 하는 경우가 종종 있다. 지오피아 6가지 도형의 성격 특성 중 진취적인 빨간색의 삼각형과 신중하면서도 안정감 있는 사각형의 조합으로 이루어진 오각형의 상징 컬러이다.

보라(Purple)

보라색은 왕실에서 자주 사용되는 색상이고, 그 영역 안에서 보라색 성향의 사람들은 지도자이다. 영적 지도자의 역할도 보라색의 영향 내에 있다. 문명화된 완성을 추구하는 사람들도 역시 보라색의 영향을 받는다. 보라색 성향의 사람들은 훌륭한 선생님이다. 이들은 정확한 정보라고 해도 완벽할 수 없다는 사실을 제자들에게 가르친다. 성직자, 천부적인 시인, 작가, 화가, 음악가들은 실제로 창조적인 영역의 대가들이며 모두 이 색과 관련을 맺고 있다. 보라색을 구현하는 사람들은 인생을 살면서 지도층이 되기 위해 지급 해야 할 대가가 희생이라는 점을 이해한다. 지오피아 6가지 도형의 성격 특성 중 매우 독특한 개성과 창조적이고 유연한 에스(곡선)형의 상징 컬러이다.

5장

도형 마을 색채심리

도형 마을 주민들은 최근 마을을 새롭게 단장하면서
오로지 선과 도형밖에 없던 마을에 색깔을 입혔다.
도형들은 새롭게 색깔을 접한 이후
컬러의 효과에 관심을 가지고 도형나라 지오피아(GeoPiA)
전문상담사인 지오피어(Geopier)를 찾아오기 시작했다.

네모 씨의 색채 상담 이야기

- 불안감을 줄이고 싶어요

지오피어 : 어서오세요. 네모님. 색채 상담을 받으러 오셨나요?

네모 : 네, 그렇습니다. 요즘 답답함을 느끼는 때가 많아져서 뭔가 새로운 시도를 하고 싶은데, 어디서부터 어떻게 해야 할지 몰라서 불안해요. 저한테 어울리는 색은 어떤 것이 있을까요?

지오피어 : 일단 색채 상담에 대해 설명해 드릴게요. 색이란 것은 파장입니다. 화학실험에서는 흔히 '불꽃반응'이라고 해서 금속 원자가 포함된 시약을 불꽃에 넣으면 특유한 색이 나타나는 것을 통해 어떤 금속이 들어있는지 확인하는 방법을 사용합니다. 원자마다 에너지 준위가 각기 달라서 다른 색의 빛을 내는 것입니다. 따라서 색에 따라 이 금속이 어떤 금속인지, 어떤 에너지를 가졌는지를 알 수 있죠. 우리는 이런 에너지에 무의식적으로 반응합니다. 금속이나 태양광처럼 정말로 에너지를 가지고 있는 것이 아니라 그 에너지를 상징하는 색채만으로도 심리적인 영향을 받는 것입니다. 한번 예를 들어볼까요? 빨간색에 대해 생

각해 볼까요? 어떤 생각이 떠오르시나요? 자유롭게 이야기해 보시겠어요?

네모 : 저는 일단 위험 표지판이 떠오르네요. 관계자 외 출입금지라던가 그런 것들은 전부 빨간색으로 표기하죠. 빨간색 장미도 떠오르네요. 빨간색 스포츠카라던가 그런 것도 떠오르고요. 아, 그리고 영화에서 붉은 립스틱을 바른 매력적인 여성이 떠오르기도 하네요. 저에게는 어쩐지 부담스럽게 느껴지는 색입니다.

지오피어 : 영화에서 매력적인 여성에게 붉은 립스틱을 활용하는 것은 이유가 있습니다. 빨간색은 생명이나 회복, 혈액을 상징하기 때문입니다. 빨간색은 장파장으로 몸에 느리게, 하지만 깊숙하게 전달됩니다. 빨간색은 몸을 따뜻하게 하고 아드레날린을 내보내도록 자극합니다. 아드레날린은 동공을 확장 시키며 사람을 흥분시켜 활동적으로 만듭니다. 투우사가 숫소에게 흔드는 깃발 역시 빨간색이죠. 하지만 숫소는 색맹이고 색이 아니라 흔들림에 흥분하는 것입니다. 빨간색 깃발을 쓰는 이유는 관중들에게 잘 보이기 위한 것이고 관중들을 흥분시키기 위한 것입니다. 빨간색은 두려움을 감소시키는데 도움을 줄 수 있습니다. 당신이 회사를 대신해서 해외 바이어 수백 명이 지켜보는 컨퍼런스에서 프레젠테이션을 한다고 상상해봅시다. 떨리지 않을까요?

네모 : 제 성격상 리허설도 여러 번 하고 미리 단단히 준비하겠지만. 긴장해서 손톱을 물어뜯을지도 모르겠네요.

지오피어 : 그럴 때 빨간색을 활용해보세요. 체온을 올리려면 반신욕을 하거나 따뜻한 음식을 먹는 것이 좋다고 하지만 프레젠테이션하기 10분 전 반신욕을 할 수 있는 것도 아니고 뜨거운 커피 역시 매번 마시

게 되면 점점 카페인에 중독되어 효과가 떨어지기 마련입니다. 따라서 부작용이 없는 빨간색을 권해드리고 싶네요. 빨간색을 패션이나 소지품 등에 적절히 활용해보는 게 어떨까요?

네모 : 그렇군요. 생각해 보니 제 옷장에 빨간색 옷은 하나도 없는 것 같네요. 빨간색 옷을 하나 구입해볼까요?

지오피어 : 네, 좋은 생각입니다. 그런데 빨간색은 앞서 아드레날린을 증가시키고 집중력을 높인다고 말했지만 동시에 긴장을 유도합니다. 아드레날린은 몸속에 존재하는 물질임에도 반수치사량이 4~10mg일 정도로 맹독성입니다. 따라서 빨간색을 패션에 활용하더라도 빨간색 셔츠보다는 시계 줄이나 가방, 액세서리 등에 빨간색을 부분적 포인트로 활용한 아이템들을 사용해 보시는 겁니다.

네모 : 그렇군요. 그런데 아무리 생각해도 빨간색은 좀 부담스러운데 다른 색을 추천해 주실 수 있을까요?

지오피어 : 빨간색을 쓰고 싶지만 아무래도 힘들다면 주황색도 추천해 드릴 수 있습니다. 주황색은 빨간색과 노란색이 더해진 것입니다. 주황색은 빨간색이 줄 수 있는 피지컬physical과 노란색이 줄 수 있는 멘탈 mental의 이점을 각각 가지고 올 수 있습니다. 우리나라에선 특히 가을에는 단풍을 보고 겨울에는 귤을 먹습니다. 그래서 주황색을 흔히 볼 수 있죠. 튀는 색이 아닙니다. 그리고 가게에서는 이를 이용해서 보통 주황색 백열등을 많이 쓰죠. 주황색 백열등 아래에서는 음식이 먹음직스럽게 보이거든요.

네모 : 주황색마저 부담이 된다면 어떻게 할까요?

지오피어 : 색채란 매우 다양합니다. 주황색이라고 해도 자몽과 복숭

아를 떠올려보면 완전히 다릅니다. 편안한 색채부터 적용해보시면 됩니다. 그리고 꼭 바깥에서 입는 옷에만 컬러를 생각하실 필요는 없습니다. 집 안에서 입는 옷은 어떻게 입든 누가 뭐라고 할 일이 없을 겁니다. 바깥에서 일할 때는 검은색이나 회색 등 무채색의 옷을 입더라도 집 안에서 입는 옷은 밝은색으로 입어보는 건 어떨까요?

네모 : 좋은 생각입니다. 제 옷들이 하나같이 색이 검정이나 회색 위주라 아내도 자주 이야기를 했거든요. 좀 다른 색 옷을 입어보라고. 제가 혹시 뭔가 심리적인 문제가 있는 걸까요?

지오피어 : 겉으로만 보면 틀린 말은 아닙니다. 실제로 많은 남성은 여러 색을 선택하지 않습니다. 그래서 남성들은 색에 대해서는 잘 모를 것이라는 편견도 많죠. 하지만 여러 연구 결과를 통해 색을 인식하는 데에는 남녀 차이가 없는 것이 사실입니다. 다만 남성들이 색에 둔감하게 보이는 것은 분명한데 이런 차이가 나타나는 이유는 경험과 교육 때문입니다. 살아가면서 인간은 경험이라는 것을 쌓게 되고, 경험을 바탕으로 살아가게 됩니다. 남성과 여성 중 색에 대한 다양한 경험을 쌓게 되는 것은 당연히 여성입니다. 남자 아이와 여자 아이가 입는 옷만 비교해보아도 그렇습니다. 남자 아이는 바지에 티셔츠가 거의 전부입니다. 여자 아이들은 치마, 레깅스, 스타킹, 블라우스 등 옷 종류도 많고 얼굴에 화장도 하죠. 이는 동서양을 막론하고 마찬가지입니다. 디즈니 프랜차이즈 중에 '디즈니 프린세스'는 매우 유명해서 딸 아이를 가진 부모들은 최근 <겨울왕국 2>가 나왔을 때 이번엔 공주가 드레스를 몇 벌 입고 나오는지를 두려운 눈으로 보았다는 말이 있습니다. 이렇게 '디즈니 프린세스'가 매우 유명한 데 비해서 '디즈니 프린스'는 들어보셨나요?

네모 : 저도 〈겨울왕국2〉를 본 뒤에 딸 아이한테 엘사 드레스를 사주긴 했습니다만. 아들한테는 생일 때 로봇 장난감을 사줬습니다. 디즈니 프린스요? 그런 게 있었나요?

지오피어 : 네, 있습니다. 하지만 최근 생겨난 것이고 네모님이 말씀하셨듯 존재한다는 것조차 모르는 사람들이 많을 정도입니다. 군대 문화도 남성들이 색에 대한 다양한 경험을 제한하는데 한몫하죠. 그래서 흔히 나오는 말이 '남자가 뭘 그렇게 꾸미고 다니려 하느냐'라고 하는 말입니다.

네모 : 저도 어렸을 적에 몇 번 그런 이야기를 들은 기억이 있네요. 그런데 정작 나이가 드니까 '좀 꾸미고 다녀라'라는 이야기를 들어서 짜증이 솟구친 적이 있었습니다.

지오피어 : 우리는 본능적으로 색을 인식하는 만큼 편견 역시 강합니다. 여자 아이가 파란색을 좋아해서 파란색 옷만 입으려고 하거나 검은색을 좋아한다고 해서 "여자가 파란색을 고르면 안 돼"라고 하거나 "검은색을 고르면 안 돼"라고 말하는 건 좋지 않습니다. 다만 특정 색만을 선호하는 것 역시 편식偏食 같은 것이라 좀 더 다채로운 색을 좋아할 수 있도록 경험을 늘려주는 것이 좋습니다. 과거 계급사회에서 색은 곧 신분을 상징했고, 성별을 상징했습니다. 구별과 차별의 상징이었죠. 하지만 지금은 그런 규칙들이 사라졌습니다. 아이들이 색을 자유롭게 쓸 수 있게 해줘야 합니다. 그래서 앞서 설명했던 주황색을 추천해 드린 것이기도 합니다. 직장 생활 등 조직에서 억눌린 감정을 풀 수가 있기 때문이죠. 혹시 요즘 감정이 메말랐다는 느낌이 들지 않으시나요?

네모 : 아…. 그런 것 같기도 합니다. 최근에 아내하고 같이 영화를 보

았는데 아내는 울기도 하고 웃기도 하고 그러는데…. 저는 별 느낌이 없었거든요. 뭔가 그냥 둔해요. 어떻게 하면 좋을까요?

지오피어 : 네모 도형의 사람들은 흔히 "점심 뭐 먹을래?"라고 물어보면 "아무거나"라고 대답하는 경우가 많습니다. 자기를 표현하는데 서투른 거죠. 원형처럼 먹성이 좋아서 이것저것 잘 먹는 것과는 달라서 분명원하는 것이 있는데 정확히 의사 표현을 하지 않는 것이 버릇되어 버린 겁니다. 케이크를 먹고 싶다는 상상을 한번 해봅시다. 어떤 케이크가 떠오르나요? 아주 구체적으로 생각해 봅시다.

네모 : 세상에…. 케이크가 구체적으로 떠오르질 않네요. 제가 정말 많이 억눌려 있기는 한가 봐요.

지오피어 : 괜찮습니다. 먼저 색을 떠올려봅시다. 흰색 생크림 케이크인가요? 아니면 갈색 초코 케이크인가요?

네모 : 색 생크림 케이크가 좋겠네요.

지오피어 : 그 케이크에는 어떤 재료가 뿌려져 있나요? 케이크 제일 위에는 뭐가 있나요?

네모 : 흰색 생크림 케이크에 땅콩하고 호두가 뿌려져 있고, 제일 위에는 빨간색 딸기 하나가 얹혀 있는 케이크가 떠오르네요.

지오피어 : 지금 떠오른 그 색들을 잘 기억해 두세요. 네모님, 우리나라 성인 대다수는 자기를 표현하는데 서투릅니다. 감정이 드러나는 것을 두려워하죠. 케이크 하나를 떠올려도 구체적으로 자신이 원하는 케이크가 무엇인지를 떠올리기 힘들어합니다. 좋아도 좋아하는 표정을 드러내려 하지 않고, 화가 나도 괜찮은 척하고 외로워도 괜찮은 척하면서 감정을 담아두기 때문이죠. 하지만 언젠가 그 감정들은 터지기 마련

입니다. 마음을 표현하기 어렵다면 그 감정을 색으로 떠올려보세요. 무엇이 네모님을 화나게 하는 색인가요?

네모 : 파란색. 파란색이 떠올라요.

지오피어 : 보통 화가 났다고 생각되면 빨간색을 고르기 마련인데 파란색을 고르셨군요. 파란색은 긍정적 의미로는 네모님에게 정확함을 상징하는 뜻입니다. 정확하고 철저하게 일하며 성실한 당신이 있어서 그 일을 맡길 수 있죠. 하지만 부정적 의미로는 완벽주의를 뜻합니다. 완벽해야 한다는 생각을 내려놓고 저에게 솔직하게 이야기를 해주시겠어요? 회사에서 무슨 일이 있었나요?

네모 : 최근에 회사에서 중요한 일이 있었는데 통계를 해석하는 과정에서 오류가 있었어요. 상사가 "평소에 완벽했던 사람이 왜 그런 실수를 했냐"고 따져 물었는데…. 제 스스로에게 너무 화가 났어요. 왜 완벽하지 못했지? 뭐가 문제였지? 그런 생각이 들더군요. 뭔가 얼어붙는 느낌이었어요.

지오피어 : 그렇군요. 네모님은 지금 균형이 깨져있는 것입니다. 네모에게 가장 두려운 것이죠. 가장 안정적인 네모가 무너져버린다면 그건 곧 모든 게 무너진다는 말과 같습니다. 지금 네모님에게 필요한 건 초록색이 아닐까 합니다.

네모 : 초록색이요? 최근에 뜬금없이 화초에 관심이 생겨서 이것저것 알아보긴 했습니다만….

지오피어 : 우리가 흔히 농담 반 진담 반으로 이런 말을 하죠. "평소에 안 하던 행동을 하는 거 보니까 갈 때가 된 모양이다"라고 말입니다. 네모님에게 필요한 건 휴식입니다. 휴식과 관련된 색이 바로 녹색이죠.

네모님에게 녹색은 평화, 안정감, 정확함, 겸손함과 연결되어 있습니다. 눈에 가장 편안함을 주는 색이기도 합니다. 최근 웰빙이라던지 환경 문제가 쟁점이 되면서 많이 사용하게 된 색이기도 합니다. 우리가 스타벅스를 생각하면 녹색의 로고가 떠오르기 마련인데 스타벅스의 초기 컬러는 커피색이었습니다. 환경과 자연을 생각하는 환경 경영을 지향한다는 이미지를 심어주기 위해 초록색으로 브랜드 컬러를 녹색으로 변경했죠. 네이버 역시 1998년 초기 로고는 노란색과 빨간색, 파란색의 진취성을 강조했지만 1999년 이후부터는 평화, 중립, 안정을 추구한다는 의미에서 녹색을 브랜드 컬러로 삼았습니다. 녹색은 더는 환경보호 활동가들이나 군인들이 위장용으로만 사용하는 색이 아닙니다. 녹색은 코디가 어렵다고 생각하기 쉽습니다. 하지만 원색은 피하고 흰 티셔츠를 안에 입으면 시도해 볼만한 룩이 될 수 있습니다.

네모 : 그렇군요. 저에게 지금 필요한 색은 녹색 같네요. 아내에게 전원주택에서 아이를 키우며 살면 어떨까 하는 이야기를 하기도 했었거든요. 텃밭에 채소도 기르고 살면 어떨까 하는 생각이 들어서….

지오피어 : 네, 지금 당장 이사를 하는 건 어려울 테니 화분이나 채소를 길러보고, 주변을 조금씩 녹색으로 꾸며보세요. 훨씬 심리적으로 편안함을 느낄 수 있을 겁니다.

네모 : 도움 주셔서 감사합니다.

원형 씨의 색채 상담이야기

-새로운 연인을 만나고 싶어요

지오피어 : 어서오세요. 원형님. 색채 상담을 받으러 오셨나요?

원형 : 네, 그렇습니다. 최근 애인하고 헤어져서 요즘 심리적으로 매우 힘듭니다. 다음에 더 좋은 인연을 만날 수 있을지도 모르겠고요.

지오피어 : 원형님은 넓은 인간관계를 가지고 있는 만큼 다양한 경험을 하셨을 겁니다. 인간관계가 넓은 만큼 상처도 많이 받으셨겠죠. 물론 동그라미님은 그런 과정들을 특유의 둥그런 성격으로 잘 넘겨오셨을 겁니다. 동그라미님에게 고민이 되는 건 새로운 사람을 만나는 것 자체가 아닐 겁니다. 조금 전에 더 '좋은 인연'이라는 이야기를 하셨죠? 어떻게 좋은 인연을 찾을 수 있을까요?

원형 : 그렇네요. 경험이라는 것도 한계가 있다는 걸 느끼거든요. 더 좋은 사람을 만나기 위해 더 많은 경험을 해봐야 한다는 건 한편으로는 맞는 이야기지만 그게 완벽한 진리인 것 같지는 않습니다. 어디까지 경험을 해야 그 사람을 알 수 있을까요?

지오피어 : 그렇습니다. 그래서 사실 많은 인간관계를 통해 깨달아야 하는 것은 상대가 좋은 사람이냐 나쁜 사람이냐를 알아내는 감지 기술이 아닙니다. 그런 건 그저 부차적인 기술에 지나지 않습니다. 무엇보다 중요한 건 내가 어떤 색을 가진 사람인가를 깨닫는 것입니다. 살다 보면 아무리 친해지고 싶어도 친해지지 않는 사람이 있습니다. 원형님은 가끔 자신이 노력만 한다면 안 좋은 인간관계도 풀릴 것으로 생각하는 경향이 있으실 겁니다. 이런 인간관계가 집착으로 이어질 수도 있죠. 원형님은 모난 성격이 아니기에 상대가 어떤 도형인지를 알아내는 것보다는 자신이 어떤 색상의 도형인지를 알고, 자신과 잘 맞는지를 파악하는 것이 좋습니다.

원형 : 그렇군요. 색이라는 관점으로 상대를 바라본다니 흥미롭네요.

지오피어 : 우리가 흔히 상대와 합이 맞느냐 안 맞느냐를 이야기할 때 '코드'가 맞는다, 안 맞는다는 표현을 합니다. 어디에서 유래된 말인지는 명확하지 않습니다. 그런데 컬러에도 코드가 있다는 걸 아시나요? 우리는 흔히 색을 이야기할 때 빨간색, 노란색, 초록색이라고 하죠. 하지만 당신이 생각하는 초록색과 상대가 생각하는 초록색은 전혀 다를 수 있습니다. 어떤 사람은 짙은 녹색의 잔디를 생각할 것이고, 어떤 사람은 녹색 테니스공을 떠올릴 수 있죠. 두 색은 녹색 계열이기는 해도 누가보아도 완전히 다른 색입니다. 그래서 컴퓨터 디자인에서는 모든 색상에 번호를 붙였습니다. 그래서 디자인 작업을 하는 사람들이 각자 다른 모니터를 써도 컬러 코드 값을 정해주면 같은 색상을 쓸 수 있죠. 물론 같은 색상을 써도 정작 인쇄소에서는 색이 달라질 수도 있습니다. 이런 문제를 최소화하기 위해 '팬톤Pantone'이라는 회사에서 '팬톤 컬러'

를 만들었습니다, 많은 인쇄소가 이 팬톤 컬러 코드를 기준으로 인쇄를 합니다. 그만큼 인간은 컬러에 예민한 생명체라고 할 수 있습니다. 그래서 '코드가 맞는다, 안 맞는다'라는 말은 '색상 코드가 맞는다, 안 맞는다'라는 말과도 의미적 맥락에서 일맥상통하는 거죠. 같은 파란색이라도 한 사람은 푸른 바다의 파란색을 생각하고 있고, 한 사람은 가스레인지의 파란색 불꽃을 생각하고 있다면 두 사람은 맞지 않는다고 볼 수 있는 겁니다.

원형 : 애인과 제가 맞지 않았던 건 '컬러 코드'가 달랐다고 볼 수도 있는 거군요.

지오피어 : 그렇습니다. 우리가 연애할 때는 본능적으로 자신과 다른 성향을 지닌 사람에게 끌리기 마련입니다. 이는 자신에게 부족한 색채를 찾아서 보합하고자 하는 본능이기도 합니다. 그런데 나와는 다른 매력을 찾아 연애했던 사람들이 결혼 후에는 사사건건 부딪치는 경우를 많이 보게 됩니다. 예를 들면 파란색에게는 이성적 사고가 중요합니다. 현실감각을 중요한 가치로 생각하는 분들이 주로 이 색을 선택합니다. 그래서 다툼이 생기면 대화로 풀고 싶어 하죠. 이와 대조적인 색이 주황색입니다. 주황색은 사교 능력을 중요한 능력으로 여기는 분들이 선택합니다. 분위기 좋은 곳에서 시간을 보내며 풀고 싶어 하죠. 하지만 파란색에게 그것은 문제를 해결하는 방식이 아닙니다. 원형님은 화가 나면 어떤 색이 떠오르시나요?

원형 : 빨간색이 떠오르네요. 전, 최근에 애인 때문에 몹시 화가 났었거든요.

지오피어 : 무슨 일이 있었나요?

원형 : 최근에 애인이 이유 없이 저를 피하더군요. 시간이 없다는 이유로 계속 만나지 못했어요. 그런데 우연히 다른 친구를 통해서 애인이 그 시간에 다른 남자를 만났다는 걸 알았어요. 만남의 시작이 얼마나 되었는지는 모르겠는데 그럴 거라면 차라리 저한테 헤어지자고 말하지 그랬나 싶어요. 화가 나서 애인 집에 찾아가 볼까도 생각했어요.

지오피어 : 원형님이 빨간색을 떠올린 이유는 그 사람에게 집착하고 있기 때문입니다. 이 집착의 근원은 원형님이 가지고 계신 인간관계에서 답을 찾아볼 수 있습니다. 원형님은 다른 사람과 정서적으로 교류하는 것을 좋아하죠. 누가 시킨 것도 아니고 자신이 좋아해서 그렇게 하는 겁니다. 그렇죠?

원형 : 네, 맞습니다.

지오피어 : 원형님의 행복의 근원은 풀잎의 녹색처럼, 바다의 파도처럼 자연적입니다. 그런데 어느 순간 풀밭에서 놀고, 바다에서 놀던 사람이 그곳을 떠났습니다. 그 사람이 떠난 이유가 있을까요? 설령 이유가 있더라도 그건 원형님이 바꿔볼 수 있는 게 아닙니다. 원형님이 집착해야 할 이유가 있나요? 누군가가 자신을 좋아해야 행복을 느끼시나요? 만약에 그런 거라면 원형님은 자기 자신을 좋아하지 않는 겁니다. 1년을 사귀어도, 10년을 사귀어도 나 아닌 다른 사람은 모두 남입니다. 그러니 남의 인생에 간섭하거나 할 필요가 없습니다. 중요한 건 원형님 본인이 어떤 존재인지를 깨닫는 것입니다.

원형 : 내가 누구인지를 아는 게 가장 중요하다면…. 그렇다면 저는 어떤 색일까요?

지오피어 : 원형님에겐 어떤 색도 없습니다. 다른 도형들도 마찬가지

입니다. 정해진 색이라는 건 없어요. 한 가지 색으로 정의 내릴 수 있는 도형이 있나요? 도형의 색은 시간과 공간, 장소에 맞춰 채워 넣는 색에 따라 달라지는 것입니다. 원형님은 자신의 팔레트에 어떤 색을 넣고 싶으신가요?

원형 : 파란색을 넣고 싶어요. 차가워지고 싶거든요. 혹시 제가 파란색이라면 빨간색이나 주황색 기질의 사람을 멀리해야 할까요?

지오피어 : 아뇨. 그렇지 않습니다. 파란색 기질은 주황색 기질과 잘 맞습니다. 우리가 문제라고 생각하는 것들은 사실 정말로 문젯거리가 아닌 경우가 많다고 말하고 싶네요. 해결되지 않는 문제를 해결할 수 없는 방식으로 해결하려고 하니 큰 문제가 되는 것입니다. 맞지 않는 상대가 있다면 그를 바꾸려 하기보다는 그가 가진 기질의 강점을 찾아보고 강점에 집중하는 방법도 고려해보시면 좋을 것 같습니다.

원형 : 빨간색은 어떤가요?

지오피어 : 빨간색은 말을 해도 본론부터 던지는 두괄식 구성을 좋아합니다. 느린 걸 싫어하죠. 빨간색과 어울리는 것은 초록색입니다. 초록색 기질은 본론보다는 결론까지 가는 과정을 지키려는 미괄식 구성을 좋아합니다. 그러다 보니 빨간색과 초록색이 만나게 되면 서두르자, 천천히 하자는 말로 다투게 됩니다. 하지만 이 역시도 어떻게 맞춰가느냐의 문제입니다. 서둘러야 할 때는 초록색이 빨간색에게 맞춰주고, 천천히 해야 할 때는 빨간색이 초록색에게 맞춰준다면 문제가 될 일이 없을 것입니다. 원형님은 가장 최근에 끌린 색이 있었나요?

원형 : 얼마 전에 좀 특이한 사람을 만났는데, 보라색 머리로 염색한 사람이었어요. 뭔가 종잡을 수 없는 매력이 느껴졌어요. 직업이 싱어송

라이터라고 하더군요. 보라색은 어떤 기질을 가지고 있나요?

지오피어 : 보라색 기질은 완벽에 대한 집착이 있습니다. 그래서 완벽하지 않을 것 같다는 이유로 시작조차 하지 않으려 합니다. 보라색은 많은 사람에게 사랑받으면서도 동시에 한 사람과의 깊은 관계를 나누고 싶어 합니다. 보라색이 상상가라면 이와 대비되는 색은 빨간색입니다. 빨간색은 행동가입니다. 빨간색은 많은 사람과 어울리는 만큼 한 사람과 깊은 관계를 나누지 못합니다. 빨간색 성향의 사람이 소모적인 인간관계에 지쳤을 때, 한 사람을 원하는 순간이 찾아왔을 때 보라색 성향의 소유자는 빨간색 성향의 사람과 잘 맞을 수 있습니다. 이는 두 사람이 어느 시점에 어떻게 만나는가에 따라 극과 극으로 갈릴 것입니다.

원형 : 그렇군요. 그렇다면 지금 저에게는 어떤 컬러가 어울릴까요? 새로운 연인을 만나기 위해 제 컬러를 바꾼다면 어떤 게 있을까요?

지오피어 : 색은 다양한 만큼 여러 가지를 시도해보시기 바랍니다. 물론 지금 당장은 파란색은 피하는 게 좋을 것입니다. 파란색 기질은 항상 무슨 문제가 생길 것이라고 생각하면서 움직입니다. 그러다 보니 항상 부정적인 것을 먼저 살피죠. 그래서 흔히들 파란색을 비관론자라고 하는데 실은 현실주의자라서 그런 것입니다. 먼 바다로 나가는 선장이 바다를 좋아하고 파도를 좋아하는 긍정론자라면 저는 절대로 그 배의 선원이 되지 않을 것입니다. 선장은 항상 위험을 대비해야 합니다. 플랜 A가 제대로 안 되는 상황이라면 다음에는 플랜 B로 나갈 생각을 합니다. 대책을 세우는 것이죠. 현실적으로는 이러한 사람이 좋습니다.

하지만 연애를 한다면 선장과 선원 같은 복종 관계가 되고 싶어하는 사람은 많지 않을 겁니다. 연애라는 것이 배를 몰고 나가는 것처럼 위험

상황을 대비하고 만들어둔 매뉴얼 혹은 계획에 따라 움직일 수 있는 걸까요?

원형 : 불가능하죠. 어떤 이유로 애인과 한참 싸웠는데 말을 하다 보니 애초에 뭐 때문에 싸웠는지 이해가 안 갈 때도 있죠. 정말 예측이 안 될 때가 있어요.

지오피어 : 지금 연애에 실패했다면 다음 연애에서는 잘하지 못한 것, 못 해 봤던 것들을 해보겠다는 생각으로 긍정적인 생각을 끌어낼 수 있는 주황색이 다음 인연으로 나아갈 힘을 줄 수 있을 것입니다. 다만 연애를 넘어 결혼까지 생각할 때는 파란색 기질이 도움이 됩니다. 결혼에는 항상 결혼을 위협하는 파도들이 들이닥치기 때문입니다. 만약 반려자가 주황색 기질이라면 긍정적인 면을 자신감으로써 인정해주고, 주황색 기질은 파란색의 부정적인 면을 현실감으로써 인정해줘야 좋은 관계가 계속 유지 될 수 있습니다.

원형 : 좋은 조언 감사드립니다.

삼각형 씨의 색채 상담 이야기

-우리 회사에는 어떤 컬러가 어울릴까요

지오피어 : 어서오세요. 삼각형님. 색채 상담을 받으러 오셨나요?

삼각형 : 네, 오늘은 최근 회사 분위기를 개선하는 차원에서 컬러를 사용해 바꿔보려고 합니다. 어떻게 하는 게 좋을까요?

지오피어 : 우선은 회사의 비전을 명확히 해야 합니다. 그래야 어떤 컬러를 사용할지 명확히 정할 수 있습니다.

삼각형 : 우리 회사의 비전은 '끝없는 도전을 통해 새로운 미래를 창조함으로써 인류사회의 꿈을 실현한다'입니다.

지오피어 : 그렇다면 지금 비전을 달성하려는데 모자란 부분을 생각해 봐야 합니다. 회사의 비전을 실현하기 위해서 가장 먼저 해야 할 것은 무엇일까요?

삼각형 : 우선 회사에 화합이 필요합니다. 직원들 간에 업무 협조도 잘 안 되고 개인주의가 심해요.

지오피어 : 그렇다면 우선 따뜻한 색을 권해드리고 싶네요. **빨간색, 주**

황색, 노란색을 추천해 드릴 수 있을 것 같고, 연두색이나 마젠타 같은 색도 활용하면 좋을 것입니다.

삼각형 : 사무실에 연두색이나 마젠타는 좀 그렇지 않을까요?

지오피어 : 그렇지 않습니다. 사무실이라고 무조건 무채색 위주의 차가운 색을 써야 한다는 건 잘못된 고정관념입니다. 우리나라를 예로 들자면 과거 60~70년대는 독재의 시대였습니다. 그 시대는 미풍양속을 해친다는 이유로 장발과 미니스커트를 단속했던 시대였죠. 당연히 컬러에 대한 인식 역시 터부시되던 시기였습니다. 하지만 지금 회사에서 근무하는 많은 세대는 자유로운 분위기에서 살아온 세대입니다. 스마트폰의 파란색 컬러 하나를 놓고도 '네이비 블루'와 '용달차 블루' 색상을 구분 지어 말합니다.

삼각형 : 저를 포함한 50대는 스마트폰은 그저 통화만 잘 되면 상관없다고 생각하는 사람들이 태반이죠. 정말 컬러에 대한 감각이 거의 없었어요.

지오피어 : 회사의 업무 공간은 회색 같은 차가운 색을 쓰더라도 다른 곳은 따뜻한 색을 써도 됩니다. 색이 달라지면 사람은 무의식적으로 자극을 받게 됩니다. 일단은 공간의 목적을 생각해 봅시다. 공장에서 위험한 곳은 주황색으로, 극히 위험한 곳은 노란색과 검은색 줄무늬를 이용해서 경고하는 것이 좋겠죠. 이외에 부서 입구나 벽, 복도와 같은 비중이 높은 곳보다는 비중이 낮은 곳에서부터 색을 바꿔 보는 게 좋습니다. 이를테면 휴게실이 대표적이겠네요. 그리고 앞서 직원들의 화합을 원하신다고 하셨으니 직원들과 상의해서 컬러를 바꾸는 것도 좋은 방법일 것 같습니다.

삼각형 : 아, 그렇군요! 직원들과 상의해서 색을 결정해보겠습니다. 도움 말씀 감사합니다.

오각형 씨의 색채 상담 이야기

- 좋은 인간관계를 갖고 싶어요

지오피어 : 어서오세요. 오각형님. 색채 상담을 받으러 오셨나요?

오각형 : 네, 최근에 주변 사람들한테서 '냉혈한'이라거나 '찔러도 피한 방울 안 나올 것 같다'라는 이야기를 자주 들었는데 저에게 어떤 문제가 있는 건지 알고 싶어요.

지오피어 : 그동안 어떻게 지내셨는지 이야기 좀 해 주실 수 있나요?

오각형 : 오직 공부에만 몰두하며 지냈어요. 더 높은 자리로 올라가려면 실적을 내야 하고 진급시험을 통과해야 하니까요.

지오피어 : 잠시라도 친구들을 만나지 않았나요?

오각형 : 네, 성공이란 건 냉정하고 철두철미한 사람에게만 허락되는 거잖아요? 그래서 지금은 저에게 친구 같은 건 전혀 중요한 게 아니에요.

지오피어 : 오각형님은 본인의 감정을 잘 통제하고 있다고 생각하시나요?

오각형 : 네, 그렇게 보이지 않나요?

지오피어 : 제 눈에는 그렇게 보이지 않습니다. 오각형님은 겉으로는 감정을 매우 잘 제어하고 있는 것처럼 보이지만 실은 감정을 억누르고 있는 것입니다. 인간의 감정은 완벽한 통제가 가능한 기계장치가 아니고 이런 통제가 곧 성공을 보장하는 것도 아닙니다,

오각형 : 그런가요?

지오피어 : 네, 그렇습니다. 대표적으로 감정을 잘 활용한 리더가 삼국지의 유비라는 걸 알고 계신가요? 유비는 삼국지에서 자신의 호의를 드러내기 위해 미소를 짓거나, 손을 잡는 행동을 자주 합니다. 반대로 자신에게 해를 끼칠 수 있는 인물들 앞에서는 철저하게 무표정으로 일관했죠. 삼국지에서 이처럼 때와 장소, 필요에 따라 자신의 감정을 잘 이용하는 인물은 유비 외에는 없습니다. 유비는 감정과 감성을 노련하게 넘나들었던 것입니다.

오각형 : 그렇다면 제가 조금이라도 부드럽고 따뜻한 인간미 있는 사람이 되기 위해서 추천해주실만한 색채가 있을까요?

지오피어 : 지금 오각형님을 대표하는 색채는 이성적 인간을 뜻하는 차가운 파란색입니다. 이성적인 것이 나쁜 건 아닙니다. 다만 감성적 사고와 균형을 맞춰보는 게 어떨까요. 그렇게 해보고 싶으시다면 부드럽고 따뜻한 주황색을 활용해보세요. 인간관계가 지금보다 원활해질 것입니다.

오각형 : 감사합니다.

곡선 씨의 색채 상담 이야기

- 집중력을 높일 수 있으면 좋겠어요

지오피어 : 어서오세요. 곡선님. 색채 상담을 받으러 오셨나요?

곡선 : 네, 맞습니다. 최근에 머릿속에 온갖 아이디어들이 너무 많이 떠오르는데 어떻게 해야 할지 모르겠어요!

지오피어 : 아이디어가 떠오르는 건 좋은 일 아닐까요?

곡선 : 아이디어가 계속 떠오르다 보니 실제로 제대로 완료한 일은 정작 거의 없어요.

지오피어 : 곡선님, 지금 곡선님을 대표하는 색채는 보라색입니다. 보라색은 파란색과 빨간색이 합쳐진 색입니다. 보라색은 변화무쌍하죠. 때로는 냉정하다가, 때로는 열정적이죠. 그래서 배우, 음악가, 화가 등 예술가들이 사랑하는 색입니다. 한편으로 보라색 색채를 가진 사람은 현실감각이 부족한 편입니다.

곡선 : 그러게요. 저도 현실감각을 기르고 싶은데 어찌해야 좋을지 모르겠어요. 추천해 주실만한 색이 있나요?

지오피어 : 저는 곡선님에게 녹색을 추천해 드리고 싶네요.

곡선 : 녹색에는 어떤 의미가 담겨 있나요?

지오피어 : 녹색은 무리해서 뭔가를 하려 하지 않습니다. 안전을 우선하고 꼼꼼하게 일을 추진하려고 합니다.

곡선 : 초록색은 편안하긴 한데 너무 지겹지 않을까요? 왠지 약해 보이기도 하고요.

지오피어 : 지금 곡선님에게 필요한 것은 엉덩이를 의자에 붙이고 머릿속으로 떠오른 아이디어를 사업 계획으로 만들기 위한 인내심이 필요합니다. 녹색은 인내심 그 자체라고 할 수 있습니다. 언제나 자신의 페이스를 유지하죠. 극도로 추운 남극에서도 봄이 오면 남극이 녹색으로 뒤덮입니다. 곡선님에게는 녹색의 이런 끈질긴 성질이 필요합니다.

곡선 : 알겠습니다. 감사합니다.

육각형 씨의 색채 상담 이야기

- 자신 있게 도전하고 싶어요

지오피어 : 어서오세요. 육각형님. 색채 상담을 받으러 오셨나요?

육각형 : 네, 고민이 있어서요. 최근에 회사에서 미국 지사로 갈 생각이 있느냐는 제안을 받았어요. 저는 이대로 지금 일만 하고 싶은데…. 한편으로는 이때 아니면 해외에서 일해 볼 경험이 언제 또 있겠나 싶기도 하고. 여러모로 고민이네요.

지오피어 : 육각형님을 상징하는 색채는 청록색입니다. 청록색은 초록색과 파란색의 조합으로 몸을 이완시키고 편안하게 만드는 효과가 있습니다. 따라서 청록색은 평화와 안정을 위한 색입니다. 뭔가 도전적인 것을 목표로 하는 사람에게는 어울리지 않습니다.

육각형 : 그러면 어떤 색이 좋을까요?

지오피어 : 육각형님에게는 빨간색 에너지가 필요합니다.

육각형 : 빨간색에는 어떤 효과가 있나요?

지오피어 : 빨간색은 공격적인 측면을 각성시킬 수 있는 색이고 이에

따르는 두려움을 줄여줄 수 있습니다. 올림픽 스포츠팀을 대상으로 조사한 결과, 붉은색 옷을 입은 팀이 파란색 옷을 입은 팀보다 경기에서 이길 확률이 높았다는 이야기도 있습니다.

육각형 : 네. 유익한 조언 주셔서 감사합니다.

6장

도형을 오랫동안 들여다보면,
도형 역시 당신을 바라본다

- 슈퍼히어로 영화들을 통해 바라본 도형심리학

거울이 없다면 당신이 어떤 존재인지를 알기 위한 가장 좋은 방법은 그림자를 보는 것이다. 하지만 주의해야 한다. 그림자는 빛의 방향에 따라 변한다. 한순간의 그림자만을 보고 나는 이런 존재라고 단정 지어선 안 된다. 여러 상황에서 자신의 그림자를 자세히 바라봐야 한다. 그래야 자신이 어떤 도형인지 구체적으로 알 수 있다. 그리고 때로는 다른 사람의 그림자를 주시해서 바라봐야 한다. 겉으로는 모든 사람과 잘 어울리는 원형의 사람 같아 보이지만 그것은 사회생활을 하기 위한 일종의 가면에 불과하고 내면은 그렇지 않은 사람들이 많기 때문이다.

다른 사람의 그림자를 본다는 것은 상대와 매우 밀접해지기 전까지는 어려운 일이다. 당신이 전문적인 심리학자나 심리상담사가 된다 해도 마찬가지다. 하지만 방법이 없는 것은 아니다. 영화 속의 '슈퍼히어로'들을 보면 된다. 슈퍼히어로들에게는 보통 사람들은 상상할 수 없는 강렬한 욕망이 있다. 욕망이 강한 만큼 이들의 마음에는 분명한 그림자가 있고 이를 통해 그들 마음속 도형을 그려볼 수 있다.

말하자면 슈퍼히어로는 작가들이 만들어 낸 매우 극단적인 도형의 인물들이다. 작가들은 우리들의 마음속에 나노Nano 입자처럼 숨어있어서 잘 보이지 않는 도형과 그 도형의 그림자를 슈퍼Super 입자로 확대해 놓는다. 그래서 누가 봐도 '이 사람은 어떤 도형을 품고 있고, 그림자는 이런 거구나'라고 한눈에 알 수 있게 된다.

우리들의 일상 속에 깊이 자리 잡은 '슈퍼히어로'라는 장르적 캐릭터들을 통해 도형심리에 쉽게 접근해 보고, 빠르게 다른 사람의 도형을 파악하는 방법을 찾아보자.

배트맨의 도형과 그림자

- 원형과 세모 도형의 그림자

 사람의 마음에는 저마다의 도형이 있다. 우리는 그것을 가리켜 '심벌'이라고 한다. 그리고 때로는 그 심벌이 우리를 지배한다. 배트맨의 심벌이 박쥐인 것처럼. 그는 박쥐라는 심벌의 지배를 받는다. 그는 어떻게 해서 이 심벌의 지배를 받게 되었으며, 이를 어떻게 자신의 삶 속에서 이용했는가?

 배트맨 시리즈 중 가장 높은 평가를 받는 놀란 감독의 〈다크 나이트〉 3부작 연작 시리즈를 통해 살펴보자. 배트맨은 여러 차례 다른 감독들에 의해 영화화되었으며 이중 놀란 감독의 '다크 나이트' 시리즈는 기존 시리즈를 리부트Reboot한 작품이다. 리부트란 기존 작품들과의 연관성을 완전히 배제하고, 원작의 기본적 설정만 가져와서 다시 처음부터 만든 것을 말한다. 이는 과거 영화를 좋아했던 사람들의 입장에서 본다면 '과연 얼마나 달라졌는가'를 자연스럽게 비교하게 된다. 그래서 감독으로선 많은 부담을 겪안게 된다. 하지만 요즘 사람들은 대부분 배트맨 시리즈를 떠올리면 이 영화를 떠올리는 만큼, 영화 흥행이나 내용적인 부분에서도 큰 성과를 거둔 작품이라고 할 수 있다. 또한, 슈퍼히어로 영화라고 치부하기에는 사실적인 색채가 강한 작품이기도 하다.

배트맨의 본명, 브루스 웨인은 고담시의 유서 깊은 명가인 웨인 가의 상속자로, 아버지 토머스 웨인과 어머니 마사 웨인 사이에서 태어난 인물이다. 어린 브루스 웨인은 친구 레이첼과 함께 놀다가 낡은 우물 아래로 추락하는 사고를 겪는데, 이때 우물 속에 있던 박쥐 떼에 습격을 받아 정신을 잃는다.

왜 하필 우물이었을까? 이 장면에서 드러난 상징적 도형은 원형이다. 브루스 웨인은 유복한 가정환경에서 살아온 아이였고, 고담시의 어두운 면들은 보지 못했다. 그는 원형의 인간이었고, 원 안에서 행복했다. 하지만 그는 우물 안 개구리와 같은 존재였다.

가족들은 어린 브루스의 기운을 북돋아 주기 위해 고담 시내에서 오페라를 보기로 한다. 그런데 오페라의 장면에서 박쥐가 등장하면서 브루스의 트라우마를 자극한다. 우물 속의 기억 때문에 브루스는 안절부절못하며 나가자고 했고 아버지, 어머니와 함께 뒷문으로 빠져나가게 된다. 그때 좀도둑 하나가 웨인 가족을 총으로 위협하면서 지갑과 돈을 내놓으라고 협박한다.

지갑과 돈을 다 줬지만, 좀도둑은 목걸이도 내놓으라며 협박한다. 이 과정에서 아버지가 저항하면서 좀도둑은 두 사람을 모두 죽여 버린다. 부모님이 모두 죽고 난 뒤, 경찰이 도착했지만 이미 때는 늦었다. 장례식 이후 나타난 웨인 사의 임원들은 브루스가 성인이 되기 전까지 자신들이 회사를 운영하겠다고 통보한다.

어린 브루스는 이때 어떤 생각을 했을까. 자신이 가지고 있는 모든 것을 잃을 수 있다는 공포, 자신이 부모님을 지키지 못했듯, 누구도 자신을 지켜주지 않을 것이라는 공포, 공권력에 대한 강력한 불신이 생겨날 수밖에 없었을 것이다. 시간이 지나, 나이를 먹은 청년 브루스는 여전히 복수심을 품고 있었다. 그래서 자신의 부모님을 살해한 좀도둑을 죽이기 위해 재판장에 몰래 총을 가지고 온다. 하지만 자신에게 불리한 진술을 할까 두려워했던 마피아 팔코니가 사람을 고용해 재판 중이던 좀도둑을 재판장에서 죽이는 일이 벌어진다. 이때 만약 브루스가 먼저 권총 방아쇠를 당겼다면, 그의 마음속 도형은 바뀌었을 것이다. 수단 방법을 가리지 않는 망가진 단도의 칼끝 같은 삼각형이 되는 것이었다.

이후 브루스는 레이첼에게 자신의 총을 꺼내 보이며 자기가 재판장에서 그 좀도둑을 죽이려 했다고 말한다. 레이첼은 브루스의 뺨을 때리며 '아버지가 너를 보면 실망하셨을 것'이라고 한다. 이 사건 이후 브루스는 한동안 고담시를 떠나서 방랑하며 살아가다가 비밀 결사 조직의 일원이 된다. 조직의 일원이 되기 위해서 통과의례를 거치게 된 브루스는 또 한 번의 시험에 들게 된다. 죄목이 무엇인지 알려주지 않고, 한 사람을 죽이라는 것이었다.

브루스는 선택의 기로에서 조직의 명령을 거부하고, 어떤 악인일지라도 법의 심판을 받게 해야 한다는 자신의 신념을 밀어붙이는 모습을 보여준다. 세모(△)와 원형(○)의 모습이다.

세모와 원형의 심리를 가진 사람은 도전적이고 성취 지향적이며, 목표를 향해 내달린다. 강한 통솔력을 가지고 있으며 타인에 대한 장점 파악이 빠른 편이다. 그만큼 조직원들에게 어떤 동기를 부여해야 업무 향상을 꾀할 수 있는지를 잘 알고 이에 맞춰 지시를 내리는 편이다. 분명한 목적과 방향을 가진 카리스마 있는 지도자 유형이다. 브루스의 이런 모습은 고담시로 돌아왔을 때 자신의 기업을 되찾기 위해 '루시우스 폭스'라는 인물을 활용하는 모습에서 잘 드러난다.

루시우스 폭스는 선친 때부터 일해 온 충신이었으나 알력 싸움에서 밀려 '응용과학부서'라는 한직으로 밀려난 인물이었다. 폭스는 새로운 기술개발에 뛰어난 능력을 갖춘 사람이지만 그 기술이 악용되거나 도덕에 어긋나는 행동이라면 단호하게 거부하는 매우 강직한 사람이다. 그것은 설령 그 일을 시킨 사람이 배트맨일지라도 예외가 되지 않는다. 정의를 위해 하는 행동이라도 마찬가지다. 이후 브루스는 원래 CEO였던 인물을 쫓아내고 폭스를 신임 CEO로 임명하고 자신을 대신해 기업을 경영하게끔 한다. 브루스의 사업적 감각이나 역량은 이처럼 매우 좋은 편이다.

한편 우리들의 마음은 입체적인 도형이다. 그것은 반드시 그림자를 만들기 마련이다. 브루스는 사회적으로 엄청난 부를 소유한, 성공한 부자다. 하지만 그의 마음은 여전히 원형의 우물 속에 갇혀 있으며, 어머니와 아버지를 모두 잃어버린 어린 시절 속 기억에서 벗어날 수 없다.

그래서 브루스는 고담시라는 상징적 가치에 매달리게 된다. 부모의 유산을 지키는 것이 자신의 존재 이유라고 생각하는 것이다. 하지만 고담시는 속속들이 너무나도 썩어있다. 배트맨은 이를 해결하기 위해 자신이 나서야 한다고 생각했다. 사회적, 법적 기준을 넘어서서 자신의 원 바깥으로 벗어나고자 한 것이다. 그러기 위해선 밤에도 낮처럼 볼 수 있고, 하늘을 날 수 있으며 모두가 두려워하는 힘이 필요했다. 그래서 그는 박쥐라는 심벌을 선택했다.

문제는 그가 범죄자를 강력하게 소탕하려 하면 할수록 더 많은 강력한 적이 튀어나온다는 것이다. 그래서 브루스는 자신이 그렇게 아꼈던 레이첼을 잃게 되고, 자신의 후계자가 될 것이라 여겼던 하비 덴트마저 투페이스라는 악당이 되는 고통을 겪게 된다.

이처럼 세모(△) 성향이 포함된 사람들은 자기주장이 강하고 독선적인 성향이 있기에 의도치 않게 많은 적을 만들 수 있다. 자존심도 강해서 모욕을 받았다고 생각하면 그 이상으로 갚아 주려는 성향이 있다. 자신과 타인 모두를 위해 자제하는 것이 좋다.

세모 성향의 사람들은 다른 사람에게 말하지 못하는 큰 외로움에 시달리기도 한다. 사회적으로 성공하지만, 다른 한편으로는 늘 그 성공이 무너질까 두려워하는 모습이 있다. 그리고 약한 모습을 절대로 다른 사람에게 보여주려 하지 않는다. 그래서 브루스와 같은 이런 사람들은 사람보다 회사에 애착을 느끼기도 한다. 하지만 회사는 당신에게 어떤 애정을 줄 수 있는 인격체가 아니다. 마음을 터놓고 말할 수 있는 사람을 꼭 곁에 두는 것이 좋다. 평소의 안정적인 삼각형(△)이 역삼각형(▽)으로 뒤집히면, 그것은 극도로 불안정한 존재가 되어버리기 때문이다.

아이언맨의 도형과 그림자

- 원형과 S도형의 그림자

    모든 슈퍼히어로들은 영화 속에서 거의 공통적인 낡은 표현을 가지고 있다. 그것은 소중한 사람을 잃었다는 경험이다. 배트맨의 브루스와 마찬가지로 아이언맨의 토니 스타크도 어릴 적에 부모를 잃었다. 하지만 아이언맨은 배트맨과 같은 방식으로 대응하지 않는다. 토니 스타크는 과학적 재능과 자기애를 통해 자신의 그림자를 극복하고자 하는 인물이다. 아이언맨 1편의 줄거리와 가장 최근에 개봉했던 앤드 게임End Game을 통해 영화 속 주인공 '토니 스타크'의 마음속 도형을 살펴보자.

    토니의 아버지는 오베디아라는 인물과 함께 '스타크 인더스트리'라는 군수 무기 제조업체를 창업한 인물이다. 토니는 아버지의 뒤를 이어 회사의 CEO를 맡은 사람으로 억만장자일 뿐만 아니라, 천재적 두뇌와 과학적 재능을 가진 인물이다. 또한, 카사노바 같은 매력으로 밥 먹듯이 여자들을 갈아치운다. 이기적이고, 자기애가 강하며, 예술가적인 성향을 지닌 S도형의 인물이다.

영화 초반 토니는 아프가니스탄에 '제리코'라는 미사일을 팔러 갔다가 테러리스트들의 공격을 받아 포탄 파편이 심장 부근에 박히고, 납치를 당하는 일을 겪게 된다. 토니는 납치당한 동굴 안에서 자신보다 먼저 납치당했던 잉센이라는 사람을 만나게 된다. 잉센은 토니의 가슴에 자석 장치를 달아 파편이 심장 쪽으로 가지 못하게 도와준다. 가까스로 목숨을 구한 토니 스타크는, 테러리스트들에게 '제리코'를 만들라는 협박을 받는다. 알고 보니 자신의 회사 이름이 박힌, 자신이 만든 무기들이 가득 쌓여있었다. 토니는 자신의 무기가 테러리스트들을 위해 사용되고 있었으며 그로 인해 많은 사람이 고통받고 있다는 사실을 뒤늦게 알게 된다.

토니는 테러리스트들에게서 탈출하기 위해 몸에 입는 슈트 형태의 로봇을 만들어서 납치범들을 제압한 뒤 무사히 미국으로 돌아온다. 그리고 토니는 기자회견장에서 무기 사업을 접겠다고 선언한다. S도형의 토니에게 걸맞은 돌발적인 발언이었다. 하지만 이는 한편으로는 토니가 사람들을 지키고자 하는 동그라미의 성격이 있음을 보여준다.

토니의 기자회견으로 회사는 난리가 난다. 군수업체가 무기를 생산하지 않겠다고 했으니 당연한 것이었다. 동업자인 오베디아는 토니에게 제발 가만히 있으라고 한다. 하지만 토니는 아랑곳하지 않은 채 집에서 두 번째 슈트를 만든다. 토니는 이때 가슴 속의 원자로를 떼어내고 새로 달게 되는데 비서이자 앞으로 평생의 연인이 될 페퍼에게 '예전 원자로는 버리라'라고 한다. 하지만 페퍼는 '토니에게 따뜻한 가슴이 있었다는 증거'라고 적어 보관한다. 이 원자로는 토니의 마음을 상징하는 도형으로 작품 초기에서부터 동그란 모양을 가지고 있으며, 크게 변하지 않는 모습을 보여준다.

한편, 동업자 오베디아는 계속해서 무기를 팔려 하고 이 때문에 토니와 대립하게 된다. 오베디아는 토니가 납치당한 동굴에서 탈출할 때 만들었던 슈트를 이용해서 토니를 제거하려 한다. 하지만 토니의 아크 원자로가 있어야 슈트가 작동된다는 것을 알게 된다. 그는 이를 위해 토니를 마비시키고 아크 원자로를 빼간다. 토니의 가슴에 아크 원자로가 없으면 토니는 파편이 심장 쪽에 박혀 죽는 상황에 부닥친다. 하지만 다행히 페퍼가 버리지 않고 두었던 예전 원자로를 장착하여 토니도 슈트를 입고 오베디아와 싸워서 마침내 그를 물리치게 된다. 페퍼가 아니었다면 아이언맨은 비참한 죽음을 맞이했을 것이다. 강한 개성을 지닌 S도형의 사람들은 같은 S극이 서로를 밀어내듯 어울리지 못하는 경우가 많다. 따라서 토니 같은 S도형의 곁에는 당신의 별난 행동을 참아줄 넓은 아량을 가진 원형의 페퍼와 같은 인물이 있어야 한다.

오베디아를 막아 낸 뒤, 신문에서는 특종기사로 아이언맨의 정체를 추측하는 기사들이 쏟아진다. 기자회견장에서 토니 스타크는 '단순한 로봇 실험이었다'라고 말하지 않고, "내가 아이언맨입니다."라고 말하면서 자신의 정체를 모든 이들에게 공개하는 예상치 못한 모습을 보여준다. 이 지점이 배트맨과 아이언맨의 경계를 확연히 구분 짓는 부분이다. 이런 돌발적인 행동은 배트맨에게는 찾기 힘든 모습이다. 그래서 배트맨보다 토니에게서 인간적 매력을 느끼는 사람들이 더 많은 것인지도 모르겠다. S도형의 매력이란 단순히 장점에서 오는 것이 아니라, 때로 결점에서 비롯되기도 하는 것이다. 이처럼 S도형의 사람에게는 자석의 S극처럼 사람들이 끌려온다. 원형의 사람들이 노력을 통해 자신의 인맥을 확장하고 관리하는 형태와는 차이가 있다.

하지만 S도형의 사람들이 조심해야 할 것은 당신의 매력이 늘 좋은 사람들만 골라서 끌어당기는 것이 아니란 것이다. 자석은 철 성분을 끌어당길 뿐이기에, 칼을 끌어당길 수도 있다. 영화초반부에 토니의 심장에 파편이 박힌 것은 S도형에게 어떤 방식으로 삶의 위협이 발생하는지를 상징적으로 보여준다. 토니는 자석 같은 성격의 인물이다. 그래서 그는 의도치 않게 자신의 심장에 폭탄 파편을 끌어당겼고, 이 파편의 위험에서 벗어나기 위해 결국 자석을 이용하는 아이러니한 모습을 보여준다.

토니는 <아이언맨1>에서 오베디아를 물리치고 위험에서 벗어난 듯했으나, 자신의 정체를 모든 이에게 드러내는 행동을 한다. 그로인해 이후 시리즈에서 수많은 악당을 불러 모으게 되며 '악당제조기'라는 별명을 달게 된다.

온갖 종류의 악당들은 진정한 사랑 따위에는 관심도 없었던 것 같았던 토니가 자신의 비서 페퍼에게서 사랑을 느끼게 되면서 더 큰 문제로 다가오게 된다. 더불어 시리즈가 진행되면서 토니는 우주적 위협이 다가온다는 것을 느끼게 되고 이전에는 겪어 보지 못한 극심한 불안감에 시달리게 된다. 토니는 이 위협을 해결하기 위해 더욱더 자신의 과학 기술에 집착하게 된다.

이 주제는 마블 시네마틱 유니버스 영화의 최종 장에 해당하는 앤드게임에서 타노스라는 우주 최강의 악당과 맞붙으면서 좀 더 분명해진다. 타노스는 토니에게 '지식의 저주에 갇힌 사람이 너뿐만은 아니다'라는 말을 한다.

지식의 저주cure of knowledge란 무엇인가? 어떤 개인이 다른 사람들과 의사소통을 할 때 다른 사람도 이해할 수 있는 배경을 가지고 있다고 자신도 모르게 추측하여 발생하는 인식적 편견이다. 예를 들어, 수업 중에 교사들은 자신들을 학생들의 입장에 둘 수 없어서 초보 학생들을 가르치는데, 어려움을 겪게 된다. S도형이 가진 단점이 가장 잘 드러나는 것이 이 부분이다. S도형에게는 아이디어가 있다. 하지만 그것을 타인에게 설명하고, 일이 되도록 만드는 부분에서는 요령부득要領不得 - 말이나 글의 요령을 잡을 수가 없음-인 경우가 많다. 그래서 이런 유형의 인물들은 천재와 미치광이 사이를 오가는 것처럼 느껴지기도 한다.

토니도 마찬가지였다. 엄청난 위협이 다가온다는 것은 느꼈으나 그것을 동료들에게 설명해 줄 수는 없었고, 결정적으로 '슈퍼히어로 등록제' 문제에서 히어로들 간의 심각한 분열을 만들어내고 만다. 토니뿐만이 아니라 우리도 종종 어떤 사실에 대해 잘 알고 있지만, 이를 제대로 말해주지 못함으로써 모두를 파국으로 몰아넣는 저주에 빠지고 만다. 이를 가리켜 '지식의 저주'라고 하는 것이다. S도형의 성향을 지닌 사람은 이러한 의사소통의 문제에 빠지지 않도록 조심해야 한다. 혹시 당신에게도 S도형의 성향이 있다면, 의사소통의 문제에 신경을 써야 한다. '내가 천재고, 나머지는 모두 바보들이기에' 이해를 못 해주는 것이라고 바라보는 독단을 경계해야 한다.

물론 당신에겐 재능이 있다. 하지만 한 명의 천재나 괴짜가 세상을 바꿀 수 있다고 생각하는가? 그리고 그것이 당신이 될 수 있다고 생각하는가? 그렇다고 말한다면 당신은 정확히 전형적이고 확고한 S타입의 사람일 것이다. 그래서 S타입의 사람은 사업을 하면서 때로 '사이코패스'가 아닐까 의심되는 일을 눈 하나 깜짝하지 않고 저지른다. 대의, 큰 뜻이라는 이름으로 말이다.

S도형의 사람들은 자신이 하는 일이 '일반인의 관점에서는 이해 못 할 큰 그림'이라는 생각을 한다. 이러한 S타입의 사람들에게 매력적으로 느껴지는 철학적 이론이 한 가지 있다. 바로 공리주의다. 공리주의는 '최대 다수의 최대행복'으로 대표되는 이론이다. 하지만 최대 다수의 최대행복을 구현하기 위해 누군가 희생되어야 한다면, 누구를 희생시켜야 할 것이며, 그렇게 얻은 행복은 진정한 의미의 행복이 될 수 있을 것인가? 이러한 철학적 해석이 잘못된 방향으로 극단화된 인물이 어벤져스 앤드게임의 타노스다. 타노스는 우주를 구하기 위해 모든 생명체의 절반이 사라져야 한다는 잘못된 공리주의적 신념을 가진 인물이다.

토니는 타노스를 물리치기 위해 모든 기술적 수단을 동원했지만 '인피니티 워'에서 모두 실패하게 된다. 타노스를 이길 수 있는 것은 기술이 아니라 그의 신념을 능가하는 또 다른 신념이어야만 했다. 그래서 '앤드게임'에서 토니는 '무작위로 절반을 죽여서 나머지 절반을 행복하게 만들겠다'라는 타노스의 신념에 대항해 '나 자신을 희생함으로써 모든 이들의 행복을 지키겠다'는 신념으로 맞선다. 토니는 결국 타노스를 물리치고 숭고한 죽음을 맞이하게 된다.

S도형의 인물들은 정도의 차이는 있겠지만 본인이 가진 신념이 의도는 선한 것이었을지라도 그것이 언제든 극단적으로 흐를 수 있다는 것을 알아두어야 한다. 히틀러는 미술학교에 두 번이나 지원했다가 떨어진 인물이며, 디즈니 캐릭터를 그리기도 했다. 스탈린은 시를 썼으며 당시 그루지아 문인들을 감동하게 했던 사람이었다. S도형의 사람들은 '가장 좋은 것이 망가지면 가장 나쁜 것이 된다'라는 라틴어 속담을 기억해

두면 좋을 것이다.

슈퍼맨의 그림자

-원형과 오각형의 그림자

슈퍼맨은 우리가 슈퍼히어로를 이야기할 때마다 빠지지 않는 히어로의 대명사이며, 때로 영화와 무관한 보통 명사처럼 쓰이기도 한다. 이미 여러 편의 영화화를 거친 슈퍼맨이지만 가장 기념비적인 첫 작품을 통해 슈퍼맨의 심리를 살펴보자.

지구에서 아주 멀리 떨어진 크립톤 행성. 이 행성의 반역자로서 폭동을 일으키려고 한 조드 장군, 얼사, 논 세 일당이 각각 다른 죄목으로 팬텀 존에 갇힌다. 한편 크립톤 원로회에 소속되어 있던 조엘은 30일 이내에, 어쩌면 그것보다 더 빨리 크립톤 전체가 멸망할 것이니 속히 이 행성을 탈출할 것을 주장한다. 하지만 동료 과학자들에게 비웃음만을 살뿐이었다. 크립톤 행성은 예상대로 폭발해버리고, 조엘은 어린 아들만이라도 살리고자 로켓에 태워 우주로 쏘아 보낸다. 그렇게 미국 텍사스주의 작은 마을 스몰빌에 우주선이 추락한다. 우주선은 때마침 차를 타고 도로를 달리다가 타이어에 펑크가 나, 잠시 멈춰 서 있던 켄트 부부에게 발견된다. 남편인 조녀선 켄트는 이 아이를 다른 사람에게 맡기려 했으나, 오래전부터 자식을 가지고 싶어 했던 마사 켄트는 아이를 키우고 싶어 한다. 결국, 마음을 돌려 아이를 거두어 클라크Clack라는 이름을 지어주고 친아들처럼 기른다.

그 이후로 클라크 켄트는 장성해서 학생이 되었고, 학교 안에서 미식축구부원이 되었다. 하지만 학창 시절이 그렇게 순탄하지만은 않았다. 클라크는 자신의 능력이 보통 사람을 능가한다는 것을 알았다. 이 클라크에게는 자신의 능력을 모두에게 드러내고 싶은 삼각형의 욕구가 있었다. 하지만 현명했던 슈퍼맨의 양부 조녀선은 '너의 능력을 빠른 달리기나 미식축구에 쓰는 것보다 더 중요한 것에 써야 할 것'이라고 말한다. 이 교육 덕에, 클라크는 자신의 능력을 필요에 따라 자제하면서 살아가는 방법을 배웠다.

그러던 어느 날, 클라크의 양아버지는 심장병이 악화되어 죽게 된다. 클라크는 아버지의 장례식에서, 뭐든지 할 수 있는 힘을 가졌으면서 결국 아버지를 구하지 못했다는 자괴감에 빠진다. 클라크는 헛간에서 자신이 타고 온 우주선에 실려 있던 수정체를 발견한다. 수정체를 들고 북극으로 온 클라크는 수정체들로 이뤄진 곳에서 친아버지의 영상과 만나게 된다. 그 이후, 클라크는 그곳에서 인간의 도덕적인 면, 비도덕적인 면과 28개 은하계의 여러 가지 지식을 배우게 되고, 슈퍼맨으로 각성하게 된다.

어른이 된 클라크는 대도시 메트로폴리스의 언론사, 데일리 플래닛에 입사하게 된다. 클라크는 평소에는 멍청해 보이는 안경을 쓴 기자 역할을 하다가 위험이 발생하면 슈퍼맨 옷을 입고 도둑이나 무장한 범죄자들을 직접 잡는 이중생활을 시작한다. 자연스럽게 슈퍼맨의 놀라운 행위들은 속속 TV로 방영된다. 한편 TV에서 슈퍼맨을 보고 있던 악당 렉스 루터는 가장 비싼 서쪽 땅인 캘리포니아를 핵미사일로 바닷속으로 처박아버릴 생각을 하고 있었다. 자신이 미리 사들인 애리조나가 새로운 해안지대가 되면서, 땅값이 엄청나게 오를 것이기에 그 차액으로 막대한 돈을 벌 것이라는 생각을 한 것이다. 그래서 루터는 자신의 계획에 방해가 될 것이 분명한 슈퍼맨을 제거하고자 한다. 그는 아디스아바바에 떨어진 크립톤에서 온 운석이 크립톤인들에게 치명적일 것이라는 걸 알아냈고, 이를 박물관에서 훔쳐낸다.

그는 계획대로 크립토나이트를 이용하여 슈퍼맨을 무력화시키고, 군대도 미사일을 막을 수 없도록 계획을 착착 진행했다. 그러나 루터의 여자 동료였던 테스 마커가 뒤늦게 미사일 폭발지점 중 하나인 뉴저지에 자기 엄마가 있다는 사실을 알고, 렉스 루터에게 도움을 구한다. 하지만 렉스 루터는 이를 가볍게 무시해버린다. 실망한 테스 마커는 자기 어머니를 먼저 구해주는 조건으로 슈퍼맨에게서 약속을 받아내고, 슈퍼맨의 목에 걸린 크립토나이트 목걸이를 빼준다.

슈퍼맨은 약속대로 뉴저지에 떨어지는 미사일을 막아냈지만, 캘리포니아 단층에 떨어지는 미사일을 막지는 못했다. 결국, 슈퍼맨은 엄청난 괴력으로, 단층의 지반을 전부 끌어올려 재앙을 막아냈으나, 높은 규모의 강진이 캘리포니아에서 계속 일어났고, 슈퍼맨은 사람들을 구하다가 결국 로이스 레인이 지진의 여파로 죽게 되는 걸 막지 못한다. 엄청난 힘을 가지고도 로이스를 구하지 못했다는 생각에, 극도로 분노한 슈퍼맨은 "인간의 역사에 간섭해서는 안 된다"라는 불문율을 깨버리고, 지구의 자전을 거꾸로 돌려 시간을 역행시켜, 로이스 레인이 죽기 전 시간대로 돌아간다. 영화는 해피엔딩으로 끝을 맺는다. 하지만 정말로 슈퍼맨은 모두를 구하고 행복한 삶을 살 수 있을까?

　최초 슈퍼맨의 마크는 역삼각형의 디자인이었다가 지금처럼 다이아몬드 형태의 오각형으로 자리를 잡았는데, 슈퍼맨의 로고가 상황을 분석해서 움직이는 분석능력이 뛰어난 오각형의 모습을 가지고 있다는 것은, 매우 재미있는 우연이라고 할 수 있을 것이다. 오각형의 다이아몬드는 매우 단단해 보이지만 의외로 쉽게 깨진다. 마찬가지로 슈퍼맨에게도 약점이 있다. 그것은 앞서 이야기했던 크립토나이트 하나만이 아니다.

　슈퍼맨은 외계인이며 동시에 지구인이다. 그는 완벽한 영웅과 완벽한 인간 사이에서 고뇌하는 원형의 영웅이다. 동시에 그는 삼각형처럼 빠르게 판단해야 하고 때로 오각형처럼 냉정하게 분석을 하기도 해야 한다. 말하자면 슈퍼맨은 정말로 슈퍼맨이 되어야 한다는 것이 곧 약점이다. 모두에게 친절하다 못해 친구에게 무슨 일이 생기기만 하면 달려가는 남자 친구 혹은 여자 친구가 있다고 생각해 보자. 그런 사람이 당신의 연인이 될 수 있을까? 절대로 그럴 수 없다. 마찬가지로 슈퍼맨 2편에서 로이스 레인은 클라크가 슈퍼맨이라는 사실을 알아내게 된 이후, 더는 그와 함께 할 수 없을 것으로 생각한다. 슈퍼맨은 결국 지구를 거꾸로 돌려 살려낸 소중한 로이스 레인을, 그녀의 머릿속에 있는 자신과의 추억을 자기 손으로 직접 지우게 되는 슬픈 결정을 내리게 된다.

　슈퍼맨과 관련된 도형을 몇 가지 더 이야기해 보자. 그의 가슴에는 S마크가 있지만, 이는 S도형과 직접적 관련은 없다. 그의 마크는

Superman의 앞글자 S일 따름이다. 하지만 그가 추구하는 행동 속에는 분명 예술적 집착에 가까운 부분이 있다. 마치 다비드상처럼 모든 부분에서 완벽한 예술적 조각 같은 존재 그 자체가 되려 하는 것이다. 당연히 이것은 온갖 능력을 갖춘 슈퍼맨일지라도 불가능하다.

이런 슈퍼맨의 비애에서 우리는 현대 사회를 살아가는 남자의 심리적 비애를 느낄 수 있다. 과거에는 '남자'가 사회의 기득권을 가지고 있었다. 하지만 최근에는 점점 남자들의 입지가 좁아지고 있다. 여자들은 남자들에게 점점 많은 것을 요구하고 있다. 친구 같은 아빠가 되어야 하며, 가사 분담도 해야 한다. 그런데 남자들은 말로 표현하는 능력이 부족하다. 그러다 보니 감정까지 억눌려 있는 경우가 많다. 이제부터라도 남자들은 자신에게 강요되는 '슈퍼맨'이라는 틀을 과감히 깨야 한다. 모든 남자가 원형이 될 필요는 없다. 그러면 안 된다. 남자들에게도 여러 가지 도형이 있는 만큼 여자들도 "자기는 남자가 돼서 왜 그래?"라는 말은 하지 말아야 한다. 물론 남자도 "자기는 여자가 돼서 왜 그래?"라는 말을 하면 안 된다. 남자와 여자의 성적 편견을 넘어, 서로의 마음을 제대로 바라보며 대화로 풀어가려는 노력이 필요하다.

원형과 곡선형은 매우 부드럽고 따뜻한 예술가 유형의 남성에게서, 그와 반대로 삼각형과 사각형은 전문직 여성의 모습에서 잘 드러난다. 삼각형의 여자는 회사 또는 외부 일에만 지나치게 치중하는 것을 주의할 필요가 있다. 전문직 여성도 곡선형을 개발하면 회사에서는 냉철하지만, 가족들에게는 따뜻하고 다정다감한 아내, 엄마가 될 수 있다. 자신의 사회적 성공만큼 가족 또는 배우자의 경력개발과 가정에서의 행복도 함께 가꾸어가는 지혜를 발휘해보자.

도형으로 진단하기 위한 도구들

■ GeoPiA 성격·심리검사 소개

한국형도형심리 지오피아(GeoPiA) 성격·심리검사는 객관적인 문항검사와 투사적 그림검사를 통합하여 개발되었다(오미라, 2010). GeoPiA 도형심리·성격검사는 네 개의 도형을 활용한 그림검사 지오그램Geogram을 통하여 인간 내면의 무의식을 진단할 수 있으며, 여섯 가지의 헥사그램Hexagram 성격유형검사를 통하여 인간의 성격특성을 분류하였다. 지오피아 검사에는 성격유형검사, 외향성, 내향성검사, 의사소통방식검사, 정서검사로 구성되어 있다.

■ GeoPiA 성격·심리검사 방법

- 구글플레이스토어에서 '도형심리 지오피아'를 검색하고 다운 받습니다.

- 오른쪽 상단에 join을 클릭하여 회원가입합니다.

- 어플 화면 상단에 위치한 색채 검사는 무료로 진행됩니다.

- 어플 화면 하단에 위치한 성격 검사 및 기타 검사는 유료로 진행됩니다.

추천사

박창규 고문
-리더십코칭센터 대표 코치
-국민대학교 경영대학원 리더십 코칭 겸임교수
-한국인 최초의 국제 인증 마스터 코치(MCC)

코칭에서나 인간관계에서나 가장 중요한 것은 자기를 알고 상대방을 이해함으로써 원만한 소통관계를 이루는 것이다. 즉 나를 포함하여 사람마다 각각 생긴 모양대로 어떤 특성이 있는지를 이해하고, 그 모양에 따라 성질도 다르고, 선호하는 것도 다르고, 말하는 소통방식도 다르고 느끼는 감정조차 다를 수 있음을 이해하고 인정할 수 있어야 한다.

도형심리학은 도형이 가지고 있는 일반적인 형태를 통하여 내포된 의미를 성격유형화 한 것이며, 이 모든 핵심에는 저마다 각기 다르게 타고난 선천적인 성격 특성에 관한 패턴이 담겨 있다. 특히 도형심리학은 우리가 가지고 있는 마음의 형태를 시각화함으로써 당신은 어떤 모양의 사람이며, 앞으로 어느 방향으로 가는 것이 적합할 것인지를 안내해 주는 유용한 내비게이션이 될 것이다.

특히 상담 과정 중 고객에 대한 성격특성을 이해하고 현재의 무의식 욕구와 감정 상태를 알아차리는데 유용한 도형심리와 성격진단은 코치들에게 매우 유용한 도구가 될 것으로 기대하며 코치와 상담사, 교사, 강사들에게 이 도서를 추천한다.

사봉(思峰) 조진형 고문

- NLP 마스터 코치
- 네 안에 잠든 거인을 깨워라(번역서) 외 다수

장자가 재미있는 말을 남겼다. 대낮에 아무것도 볼 수 없는 올빼미의 눈도 나름대로 쓸 데가 있고, 학의 다리가 길더라도 자르지 말라고 했다. 인생이 행복하려면 제 팔 제 맘대로 흔들고 사는 지혜가 필요하다는 말이다. 많은 심리학자들이 내 꼴이 어떻게 생겼는지 나를 읽는 기술을 개발했고, 네 꼴을 알 수 있는 지혜를 발전시켜 왔으나 소크라테스 이래 그걸 아는 일은 그리 쉬운 일이 아니었다.

오래전, 우연히 한 세미나에서 만난 그는 독특하게 생긴 명함을 내밀면서 내게 성격 진단을 해주겠다고 했다. 재미 삼아 동그라미, 네모, 세모, 에스를 그려보았더니 그걸 보고 내 성격을 진단해 주었다. 그 결과는 요즘 말로 '장난이 아니'었다. 그가 바로 도형심리를 학문으로 정립한 오미라 박사다. 오미라 박사의 끊임없는 노력으로 도형심리는 꾸준한 발전을 이루었고, 이젠 어엿한 심리학의 한 분야로 자리매김을 하게 되었다.

내공이 깊어진 오 박사가 또다시 도형심리의 저변을 넓히겠다고 새로운 책을 내놓았다. 그의 노력이 〈마음놀이〉로 출간이 된다니 반갑기 그지없다. 많은 이들에게 읽혀 밝고 행복한 세상을 만드는 밑 걸음이 될 것을 믿으며 축하의 말을 남긴다.

엄준하 박사

- 월간HRD 발행인
- 한국HRD협회 회장
- 일생경영학교-나다움 이사장 인력개발학박사

'나는 누구인가'라는 질문을 던지는 존재는 인간밖에 없다.

인간은 존재 자체를 스스로 생각해 볼 수 있는 성찰적 존재이다. 나는 누구인가, 어떻게 살 것인가, 어떻게 죽을 것인가. 이는 많은 사람이 잊고 살지만, 인생에서 가장 중요한 질문이다.

개인의 삶이 점점 황폐해지고 사회 가치가 혼란스러워지는 요즘, 이러한 근원적인 물음은 우리 삶에 더욱 중요해졌다. 그래서 '인간'을 탐구하고 '인생'을 공부하는 학문인 인문학 열풍이 거세진 것도 이와 같은 이유일 것이다. '정신과 육체란 무엇인가'라는 질문은 곧 '나는 누구인가'라는 본질적인 질문에 봉착하게 된다. 우리가 보통 '나'라고 말할 때는 내가 의식해서 느낄 수 있는 정도의 '나'라는 존재이다.

나는 정말 내가 원하는 방향으로 가고 있는가? 오늘 하고 있는 이 일이 정말 내가 원하는 일인가? 단지 어제 했던 일이니까 그냥 습관적으로 하고 있는 것은 아닌가. 나에게 닥친 문제를 해결하는 방식은 진정으로 내가 원하는 방식인가, 아니면 그냥 쉽고 부담이 적기 때문에 그렇게 하는 것인가 등에 대해 깊이 생각해봐야 한다. 내가 정말 소중하게 여기는 것은 무엇이고 내가 두려워하는 것은 무엇이고, 그리고 지금 내 앞의 장애물은 무엇인가? 평소 내가 생각하고 행동하는 것들은 과연 어떤 결과를 만들어내고 있는가 하는 것에 대한 자기진단이 필요하다. 나는 누구일까? '나'는 내가 나라고 믿는 바로 그것이다. 믿는 그것은 어디에서 오는 것일까? 그것은 나의 DNA적 성질과 유사하거나 내적 에너지와 조화를 통해서 내가 좋아하게 된 것들일 것이다. 인간은 저마다 청, 적, 황, 백, 흑의 오색五色 중에서 좋아하는 색상이 있고 신맛, 쓴맛, 단맛, 매운맛, 짠맛 오미五味 중에서 즐기는 맛이 있고, 오방五方, 오행五行, 오상五常, 오절기五節氣, 오음五音 중에서도 좋아하고 잘하는 것이 있듯이 사물의 형태 중에서도 좋아하는 모양 즉 도형이 있다.

우주만물의 이치는 본시 하나이며, 그 하나가 음과 양의 둘로 나누어지고 오행으로 변화를 거듭하면서 에너지를 모으고 다시 나누면서 생주이멸生住異滅하고 생로병사生老病死하게 된다. 그러므로 인간이 저마다 좋아하는 오행이 따로 정해진 것은 본시 타고난 성질이며 고유의 에너지이다. 우리가 다양한 진단도구를 활용해 행동유형이나, 기질, 성격 등을 진단하는 것도 개인의 고유 에너지를 파악하는 유의미한 것으로 오래전에 검증되었다고 본다. 본서에서 주장하는 기하학적 도형들은 인류가 언어를 사용하기 이전부터 인간의 생각을 담은 무음의 언어였으며 커뮤니케이션 도구의 한 가지였다.

원형, 삼각형, 사각형, 오각형, 정육각형, 곡선형의 6가지로 구분되는 도형들은 인간에너지를 만들고 저장하고 순환하는 오장육부五臟六腑와 닮은 꼴이다. 때문에 도형을 활용한 인간의 심리와 성격진단 방법은 인간의 오감五感을 기반으로 한 인간 에너지 분석법으로 기존의 지문형 진단도구들 보다 흥미롭고 인체과학적이다.

하늘 아래 새로운 것은 없다고 하였지만 '이미 있는 것을 더욱더 의롭게 발전시키는 것이' 연구하는 학자의 사명이다. 20여 년 이상 곁에서

동문수학한 사람으로서 이번 예곡 오미라 박사의 저서는 한국인적자원 계발 역사에 길이 남을 큰 연구서이다.

본 도서는 나는 누구인가를 찾는 나침반이며 인간능력을 개발하는 컨설팅 도구로써 나를 찾아 행복을 추구하고자 하는 분들과 모든 교수자 분들께 추천한다.

참고문헌

[단행본]

오미라(2010a). 도형심리로 나를 읽는 기술, 타인을 아는 지혜. 서울: 북셀프.

심리학(2017). 마커스 위크스, 신승미(역) 아르테

[기사]

현대케피코, 컬러테라피 나에게 필요한 컬러는 무엇?, 2019.04.05
https://news.hmgjournal.com/TALK/reissue-color-therapy

[논문]

오미라, 원상봉(2018a). 한국형도형심리검사 GEOPIA와 선호지표간 관계 연구. 산학기술학회논문지, 19(7), 325-336.

오미라(2019a). 도형을 활용한 지오피아성격. 심리검사 개발 및 타당화 연구. 한국기술교육대학교 HRD전문대학원 박사학위논문.

유정희(2008). 기하학적 형태를 응용한 의상 패턴디자인 연구: 원, 삼각형, 사각형을 중심으로. 단국대학교 디자인대학원 석사학위논문.